Début d'une série de documents en couleur

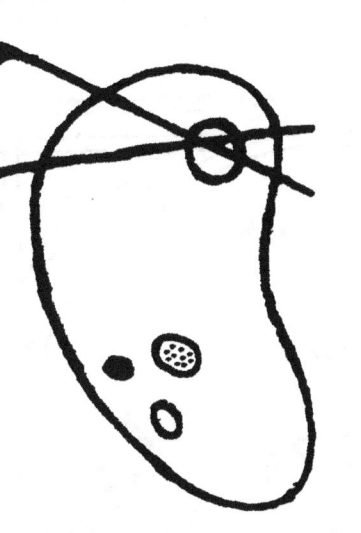

RELIURE SERREE
Absence de marges intérieures

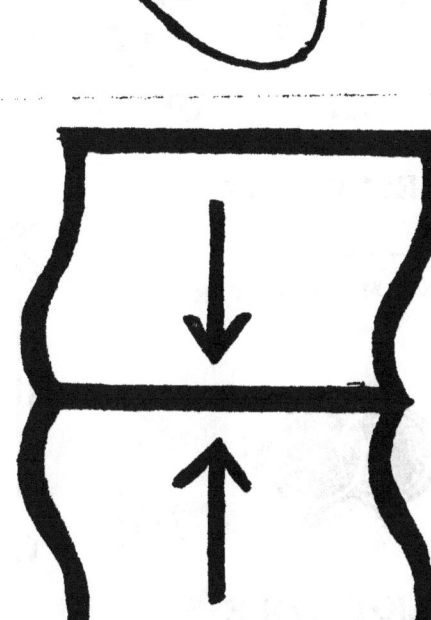

Illisibilité partielle

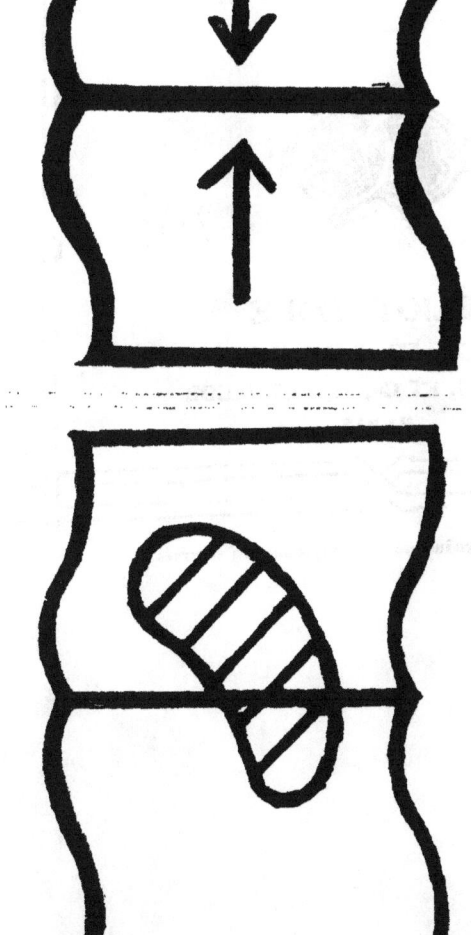

VALABLE POUR TOUT OU PARTIE DU DOCUMENT REPRODUIT

QUATORZIÈME ÉDITION

Voyages extraordinaires

UN CAPITAINE DE QUINZE ANS

PAR

JULES VERNE

DEUXIÈME PARTIE

BIBLIOTHÈQUE
D'ÉDUCATION ET DE RÉCRÉATION
J. HETZEL ET Cⁱᵉ, 18, RUE JACOB
PARIS

Tous droits de traduction et de reproduction réservés.

LIBRAIRIE J. HETZEL ET Cⁱᵉ, 18, RUE JACOB
BIBLIOTHÈQUE D'ÉDUCATION ET DE RÉCRÉATION

VOLUMES IN-18
Brochés, 3 fr. — Cartonnés toile, tranches dorées, 4 fr.

vol.		
Amphux (A. M.) Journal et Corr. 1	Legouvé (E.) Pères et Enfants 2	Stahl (P. J.) Maroussia..
Andersen. Nouv. Contes xued. 1	— Conférences parisiennes. 1	Stahl, P.-J.) et un Watt..
Bertrand (J.) Les Fondateurs	— Nos Filles et nos Fils.... 1	Riquet et Madeleine...
de l'astronomie........... 1	— L'Art de la lecture....... 1	— Mary Bell, William et
Biart (L.) Jeune naturaliste... 1	Lockroy (Mᵐᵉ). Contes....... 1	Luine..............
— Entre frères et sœurs..... 1	Macaulay. Histoire et Critique 1	Stahl et Muller. Le nouv.
Blanoy. Le Petit Roi........ 1	Mack (Jean). Bouchée de pain. 1	Robinson suisse.......
Boissonnas (Mᵐᵉ B.) Une Famil.	— Les Serviteurs de l'estomac 1	Susane. Hist. de la cavaleri
pendant la guerre 1870-71. 1	— Contes du petit château... 1	Thiers. Histoire de Law...
Brachet (A.) Grammaire his-	— Arithmétique du grand-papa 1	Vallery Radot (René). Jo
torique (ouv. couronné).. 1	Malot (Lieut.) Romain Kalbris 1	nal d'un volontaire d'un
Bréhat (de). Petit Parisien.. 1	Mauny (comm.) Geogr. phys.. 1	Verne (Jules). Aventures
Candèze. Avent. d'un grillon. 1	— Le Monde où nous vivons.. 1	capitaine Hatteras...
Cahlen (E.) Un drôle mariage. 1	Muller (E.) La Jeunesse des	— Enfants du capitaine Gra
Chazet (P.) Chalet des sapins. 1	hommes célèbres......... 1	— Autour de la lune......
Curaville (de). Histoire d'un	— Morale en action par l'hist. 1	— 3 Russes et 3 Anglais...
trop bon chien........... 1	Ohnimasan. Dict. de myth.... 1	— Cinq Semaines en ballon
Clement (Ch.) Michel-Ange,	— Historique nouvelle........ 1	— De la Terre à la Lune...
Raphaël, etc.............. 1	Ratisbonne (L.) Comédie en-	— Découverte de la terre.
Desnoyers (L.) J.-P. Choppart 1	fantine (ouv. couronné). 1	— Grands navigateurs....
Durand-Hip.) Grands Poètes.. 1	Recolus (E.) Hist. d'un ruisseau 1	— Le Pays des fourrures.
— Les Grands Prosateurs... 1	Renard. Le Fond de la mer.. 1	— Tour du monde en 80 jo
Erckm.-Chatrian. L'Invasion. 1	Roulin (F.) Histoire naturelle. 1	— 20,000 lieues sous les me
— Madame Thérèse......... 1	Sandeau (J.) La Roche aux	— Voyage au centre de la te
— Hist. d'un paysan (compl.). 4	mouettes............... 1	— Une Ville flottante.....
Fath (G.) Un drôle de voyage. 1	Savous. Conseils à une mère. 1	— Le docteur Ox.........
Foucou. Histoire du travail.. 1	— Principes de littérature ... 1	— Le Chancellor.........
Girnin (M.) La Famille Martin. 1	Simonin. Histoire de la terre.. 1	— L'Île mystérieuse.......
Gramont (Cᵗᵉ de). Les Vers	Stahl (P.-J.) Contes et Récits	— Michel Strogoff........
français et leur Prosodie. 1	de morale familière (ou-	— Les Indes-Noires......
Gratiolet (P.) Physionomie.. 1	vrage couronné)......... 1	— Hector Servadac......
Grimann. Hist. goutte de sève. 1	— Hist. d'un âne et de deux	— Un Capitaine de 15 ans.
— Jardin d'acclimatation.... 1	jeunes filles (ouvr. cour.). 1	— 500 millions de la Begu
Hippeau (Mᵐᵉ). Économ. domest 1	— Famille Chester........... 1	— Tribulations d'un Chino
Hugo (V.) Les Enfants...... 1	— Les Patins d'argent....... 1	Zurcher et Margollé.
Immermann. La blonde Lisbeth. 1	— Mon 1ᵉʳ voyage en mer.... 1	Tempêtes............
Laprade (de). Livre d'un père. 1	— Les Histoires de mon par-	— Histoire de la navigation
Lavallée (Th.) Hist. Turquie 1	rain..................... 1	— Le Monde sous-marin..

SÉRIE DES VOLUMES IN-18, AVEC GRAVURES
Brochés, 3 fr. 50. — Cartonnés, tr. dorées, 4 fr. 50

vol.		
Anquez. Histoire de France..	Mayne-Reid. William le Mousse 1	Mickiewicz Hist. de Pologi
Audoynaud. Cosmographie..	— Les Jeunes Esclaves...... 1	Mortimer d'Ocagne. Gr
Bertrand (Alex.) Lettres sur	— Le Désert d'eau.......... 1	Écoles civiles et militai
les révolutions du globe. 1	— Les Chasseurs de girafes.. 1	Nodier (Ch.) Contes chois
Boissonnas (B.) Un vaincu.. 1	— Naufragés de l'île de Bornéo 1	Parville (de). Un habitant
Faraday Hⁱᵉ d'une chandelle. 1	— La Sœur perdue.......... 1	la planète Mars......
Franklin (J.) Vie des animaux 6	— Les Planteurs de la Jamaïq. 1	Silva (de). Livre de Mauri
Hertz (Mˡˡᵉ). Méthode de	— Les deux Filles du squatter. 1	Susane. Histoire de l'artille
coupe et de confection... 1	— Les Jeunes voyageurs..... 1	Tyndall. Dans les montagn
Lavallée (Tu.) Les Frontières	— Robinsons de terre ferme. 1	Wentworth Higginson.
de la France............. 1	— Chasseurs de chevelures.. 1	des États-Unis......

SÉRIE IN-18. — PRIX DIVERS

fr.	fr.	fr.
Block (Maurice). Petit Manuel	Clavé (J.) Économie politique 2	Macé (Jean). Théâtre du p
d'économie pratique..... 1	Dubail. Géographie de l'Al-	tit château........
A. Brachet. Dictionnaire éty-	sace-Lorraine............ 1	— Arithmétique du gran
mologique (ouvrage cou-	Grimard (Ed.) La Botanique	papa (édit. popul.)....
ronné).................. 5	à la campagne........... 5	— Morale en action.....
Chennevières (de). Aventures	Legouvé (E.) Petit Traité de	Souvinon. Dictionn. des ter
du petit roi saint Louis... 5	lecture................. 1	mes techniques......

Paris. — Imp. Gauthier-Villars

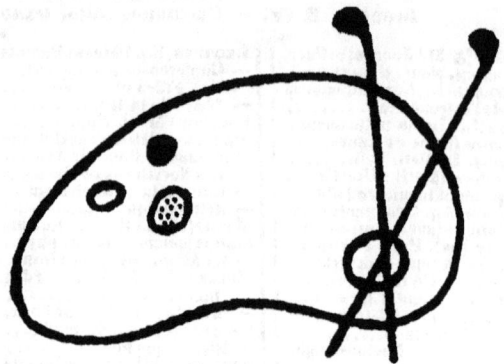

Fin d'une série de documents en couleur

UN CAPITAINE

DE

QUINZE ANS

OUVRAGES DU MÊME AUTEUR
VOLUMES IN-18 A 3 FR.

AVENTURES DU CAPITAINE HATTERAS :
— Les Anglais au pôle Nord, 23ᵉ édition.................... 1 vol.
— Le Désert de Glace, 24ᵉ édition......................... 1 vol.

LES ENFANTS DU CAPITAINE GRANT :
— L'Amérique du Sud, 19ᵉ édition......................... 1 vol.
— L'Australie, 18ᵉ édition................................ 1 vol.
— L'Océan Pacifique, 18ᵉ édition......................... 1 vol.

Aventures de 3 Russes et de 3 Anglais, 18ᵉ édition......... 1 vol.
De la Terre a la Lune, 24ᵉ édition......................... 1 vol.
Autour de la Lune, 20ᵉ édition............................. 1 vol.
Cinq Semaines en ballon, 43ᵉ édition....................... 1 vol.
Découverte de la terre, 15ᵉ édit........................... 2 vol.
Les Grands Navigateurs du XVIIIᵉ siècle, 6ᵉ édit........... 2 vol.
Les Voyageurs du XIXᵉ siècle, 4ᵉ édition................... 2 vol.
Une Ville flottante, suivie des Forceurs de Blocus, 16ᵉ édit. 1 vol.
Vingt mille lieues sous les mers, 21ᵉ édition.............. 2 vol.
Voyage au centre de la Terre, 28ᵉ édition.................. 1 vol.
Le Pays des fourrures, 16ᵉ édition......................... 2 vol.
Le Tour du monde en 80 jours, 55ᵉ édition.................. 1 vol.
Le Docteur Ox, 19ᵉ édition................................. 1 vol.
L'Ile mystérieuse, 1ʳᵉ partie. Les Naufragés de l'air, 24ᵉ édition. 1 vol.
— 2ᵉ partie. L'Abandonné, 23ᵉ édition.................... 1 vol.
— 3ᵉ partie. Le Secret de l'Ile, 22ᵉ édition.............. 1 vol.
Le Chancellor, 17ᵉ édition................................. 1 vol.
Michel Strogoff, 22ᵉ édition............................... 2 vol.
Les Indes-Noires, 19ᵉ édition.............................. 1 vol.
Hector Servadac, 17ᵉ édition............................... 2 vol.
Un Capitaine de quinze ans, 4ᵉ édition..................... 2 vol.
Les 500 millions de la Bégum, 16ᵉ édition.................. 1 vol.
Les tribulations d'un Chinois en Chine, 16ᵉ édition........ 1 vol.
La Maison a Vapeur, 13ᵉ édition............................ 2 vol.
Un Neveu d'Amérique, comédie. Prix........................ 1 fr. 50

VOLUMES IN-8 ILLUSTRÉS.

Aventures du capitaine Hatteras. Prix : broché............ 9 fr.
Cinq Semaines en ballon................................... 5 »
Voyage au centre de la terre.............................. 5 »
Ces deux ouvrages réunis en un seul volume................ 9 »
De la Terre a la Lune..................................... 5 »
Autour de la Lune... 5 »
Ces deux ouvrages réunis en un seul volume................ 9 »
Une Ville flottante, suivie des Forceurs de blocus........ 5 »
Aventures de 3 Russes et de 3 Anglais..................... 5 »
Ces deux ouvrages réunis en un seul volume................ 9 »
Vingt mille lieues sous les mers.......................... 9 »
Le Pays des fourrures..................................... 9 »
Le Tour du monde en 80 jours.............................. 5 »
Le Docteur Ox... 5 »
Ces deux ouvrages réunis en un seul volume................ 9 »
Les Enfants du capitaine Grant............................ 10 »
L'Ile mystérieuse... 10 »
Le Chancellor... 5 »
Les Indes-Noires.. 5 »
Ces deux ouvrages réunis en un seul volume................ 9 »
Michel Strogoff... 9 »
Hector Servadac... 9 »
Un Capitaine de quinze ans................................ 9 »
Découverte de la terre.................................... 7 »
Les 500 millions de la Bégum.............................. 5 »
Les Tribulations d'un Chinois............................. 5 »
Ces deux ouvrages réunis en un seul volume................ 9 »
Les Grands Navigateurs du XVIIIᵉ siècle................... 7 »
Géographie illustrée de la France, par Jules Verne et Théophile Lavallée... 10 »

LES VOYAGES EXTRAORDINAIRES

UN CAPITAINE
DE QUINZE ANS

PAR

JULES VERNE

DEUXIÈME PARTIE

QUATORZIÈME ÉDITION

BIBLIOTHÈQUE
D'ÉDUCATION ET DE RÉCRÉATION
J. HETZEL ET Cⁱᵉ, 18, RUE JACOB
PARIS

Tous droits de traduction et de reproduction réservés.

UN CAPITAINE
DE
QUINZE ANS

DEUXIÈME PARTIE

CHAPITRE PREMIER

LA TRAITE.

La traite! Personne n'ignore la signification de ce mot, qui n'aurait jamais dû trouver place dans le langage humain. Ce trafic abominable, longtemps pratiqué au profit des nations européennes qui possédaient des colonies d'outre-mer, a été interdit depuis bien des années déjà. Cependant, il s'opère toujours sur une vaste échelle, et principalement dans l'Afrique centrale. En plein xixe siècle, la signature de quelques États qui se disent chrétiens, manque encore à l'acte d'abolition de l'esclavage.

On pourrait croire que la traite ne se fait plus, que cet achat et cette vente de créatures humaines ont cessé! Il n'en est rien, et c'est là ce qu'il faut que le lecteur sache, s'il veut s'intéresser plus intimement à la seconde partie de cette histoire. Il faut qu'il apprenne ce que sont actuellement encore ces chasses à l'homme, qui menacent de dépeupler tout un continent pour l'entretien de quelques colonies à esclaves, où et comment s'exécutent ces razzias barbares, ce qu'elles coûtent de sang, ce qu'elles provoquent d'incendies et de pillages, enfin au profit de qui elles se font.

C'est au xv° siècle seulement que l'on voit s'exercer, pour la première fois, la traite des noirs, et voici dans quelles circonstances elle fut établie :

Les Musulmans, après avoir été chassés d'Espagne, s'étaient réfugiés au delà du détroit sur la côte d'Afrique. Les Portugais, qui occupaient alors cette partie du littoral, les poursuivirent avec acharnement. Un certain nombre de ces fugitifs furent faits prisonniers et ramenés en Portugal. Réduits en esclavage, ils constituèrent le premier noyau d'esclaves africains qui ait été formé dans l'Europe occidentale depuis l'ère chrétienne.

Mais ces Musulmans appartenaient pour la plupart à de riches familles, qui voulurent les racheter à prix d'or. Refus des Portugais d'accepter une rançon, quelque importante qu'elle fût. Ils n'avaient que faire de l'or étranger. Ce qui leur manquait, c'étaient les bras indispensables au travail des colonies naissantes, et, pour tout dire, les bras de l'esclave.

Les familles musulmanes, ne pouvant racheter leurs parents captifs, offrirent alors de les échanger contre un plus grand nombre de noirs africains, dont il n'était que trop facile de s'emparer. L'offre fut acceptée par les Portugais, qui trouvaient leur avantage à cet échange, et c'est ainsi que la traite se fonda en Europe.

Vers la fin du XVI° siècle, cet odieux trafic était généralement admis, et les mœurs encore barbares n'y répugnaient pas. Tous les États le protégeaient, afin d'arriver plus rapidement et plus sûrement à coloniser les îles du Nouveau-Monde. En effet, les esclaves d'origine noire pouvaient résister, là où les blancs, mal acclimatés, impropres encore à supporter la chaleur des climats intertropicaux, eussent péri par milliers. Le transport des nègres aux colonies d'Amérique se fit donc régulièrement par des bâtiments spéciaux, et cette branche du commerce transatlantique amena la création de comptoirs importants sur divers points du littoral africain. La « marchandise » coûtait peu au pays de production, et les bénéfices étaient considérables.

Mais, si nécessaire que fût à tous les points de vue la fondation des colonies d'outre-mer, elle ne pouvait justifier ces marchés de chair humaine. Des voix généreuses se firent bientôt entendre, qui protestèrent contre la traite des noirs et demandèrent aux gouvernements européens d'en décréter l'abolition au nom des principes de l'humanité.

En 1751, les quakers se mirent à la tête du mouvement abolitionniste, au sein même de cette Amérique du Nord, où, cent ans plus tard, allait éclater la guerre de sécession, à laquelle cette question de l'esclavagisme ne fut pas étrangère. Divers États du Nord, la Virginie, le Connecticut, le Massachussets, la Pensylvanie décrétèrent l'abolition de la traite et affranchirent les esclaves amenés à grands frais sur leurs territoires.

Mais la campagne, commencée par les quakers, ne se limita pas aux provinces septentrionales du Nouveau-Monde. Les esclavagistes furent vivement attaqués jusqu'au delà de l'Atlantique. La France et l'Angleterre, plus particulièrement, recrutèrent des partisans à cette juste cause : « Périssent les colonies plutôt qu'un principe ! » tel fut le généreux mot d'ordre qui retentit dans tout l'ancien monde, et, malgré les grands intérêts politiques et commerciaux engagés dans la question, il se transmit efficacement à travers l'Europe.

L'élan était donné. En 1807, l'Angleterre abolit la traite des noirs dans ses colonies, et la France suivit son exemple en 1814. Les deux puissantes nations échangèrent un traité à ce sujet, traité que confirma Napoléon pendant les Cent-Jours.

Toutefois, ce n'était là, encore, qu'une déclaration purement théorique. Les négriers ne cessaient pas de courir les mers et allaient se vider dans les ports coloniaux de leur « cargaison d'ébène ».

Des mesures plus pratiques durent être prises pour mettre fin à ce commerce. Les États-Unis en 1820, l'Angleterre en 1824 déclarèrent la traite acte de piraterie, et pirates ceux qui l'exerçaient. Comme tels, ils encouraient la peine de mort, et ils furent poursuivis à outrance. La France adhéra bientôt au nouveau traité. Mais les États du Sud de l'Amérique, les colonies espagnoles et portugaises n'intervinrent pas à l'acte d'abolition, et l'exportation des noirs se continua à leur profit, malgré le droit de visite généralement reconnu, qui se bornait à la vérification de pavillon des navires suspects.

Cependant, la nouvelle loi d'abolition n'avait pas eu d'effet rétroactif. On ne faisait plus de nouveaux esclaves, mais les anciens n'avaient pas encore recouvré leur liberté.

Ce fut dans ces circonstances que l'Angleterre donna l'exemple. Le 14 mai 1833, une déclaration générale émancipa tous les noirs des colonies de la Grande-Bretagne, et en août 1838, six cent soixante-dix mille esclaves furent déclarés libres.

Dix ans plus tard, en 1848, la République émancipait les esclaves des colonies françaises, soit deux cent soixante mille noirs.

En 1859, la guerre qui éclata entre les fédéraux et les confédérés des États-Unis, achevant l'œuvre d'émancipation, l'étendit à toute l'Amérique du Nord.

Les trois grandes puissances avaient donc accompli cette œuvre d'humanité. A l'heure qu'il est, la traite ne s'exerce plus qu'au profit des colonies espagnoles ou portugaises, et pour satisfaire aux besoins des populations de l'Orient, turques ou arabes. Le Brésil, s'il n'a pas encore rendu à la liberté ses anciens esclaves, n'en reçoit plus de nouveaux, du moins, et les enfants des noirs y naissent libres.

C'est dans l'intérieur de l'Afrique, à la suite de ces guerres sanglantes que les chefs africains se font pour cette chasse à l'homme, que des tribus entières sont réduites en esclavage. Deux directions opposées sont alors imprimées aux caravanes : l'une à l'ouest, vers la colonie portugaise de l'Angola ; l'autre à l'est, sur le Mozambique. De ces malheureux, dont une faible partie seulement arrivent à destination, les uns sont expédiés soit à Cuba, soit à Madagascar; les autres, dans les provinces arabes ou turques de l'Asie, à la Mecque ou à Muscate. Les croisières anglaises et françaises ne peuvent empêcher ce trafic que dans une faible mesure, tant une surveillance efficace de côtes aussi étendues est difficile à obtenir.

Mais le chiffre de ces odieuses exportations est-il donc considérable encore?

Oui ! On n'estime pas à moins de quatre-vingt mille le nombre des esclaves qui arrivent au littoral, et ce nombre, paraît-il, ne représente que le dixième des indigènes massacrés. Après ces boucheries épouvantables, les champs dévastés sont déserts, les bourgades incendiées sont vides d'habitants, les fleuves roulent des cadavres, les bêtes fauves occupent le pays. Livingstone, au lendemain de ces chasses à l'homme, ne reconnaissait plus les provinces qu'il avait visitées quelques mois auparavant. Tous les autres voyageurs, Grant, Speke, Burton, Cameron, Stanley, ne parlent pas autrement de ce plateau boisé de l'Afrique centrale, principal théâtre des guerres de chefs à chefs. Dans la région des grands lacs, sur toute cette vaste contrée qui alimente le marché de Zanzibar, dans le

Bornou et le Fezzan, plus au sud, sur les rives du Nyassa et du Zambèse, plus à l'ouest, dans les districts du haut Zaïre que l'audacieux Stanley vient de traverser, même spectacle, ruines, massacres, dépopulation. L'esclavage ne finira-t-il donc en Afrique qu'avec la disparition de la race noire, et en sera-t-il de cette race comme il en est de la race australienne dans la Nouvelle-Hollande!

Mais le marché des colonies espagnoles et portugaises se fermera un jour, ce débouché fera défaut; des peuples civilisés ne peuvent plus longtemps tolérer la traite!

Oui, sans doute, et cette année même, 1878, doit voir l'affranchissement de tous les esclaves possédés encore par les États chrétiens. Toutefois, pendant de longues années encore, les nations musulmanes maintiendront ce trafic qui dépeuple le continent africain. C'est vers elles en effet que se fait la plus importante émigration de noirs, puisque le chiffre des indigènes, arrachés à leurs provinces et dirigés vers la côte orientale, dépasse annuellement quarante mille. Bien avant l'expédition d'Égypte, les nègres du Sennaar étaient vendus par milliers aux nègres du Darfour, et réciproquement. Le général Bonaparte put même acheter un assez grand nombre de ces noirs dont il fit des soldats organisés à la façon des mameluks.

Depuis lors, pendant ce siècle dont les quatre cinquièmes sont maintenant écoulés, le commerce des esclaves n'a pas diminué en Afrique. Au contraire.

Et, en effet, l'islamisme est favorable à la traite. Il a fallu que l'esclave noir vînt remplacer, dans les provinces musulmanes, l'esclave blanc d'autrefois. Aussi, des traitants de toute origine font-ils en grand cet exécrable trafic. Ils apportent ainsi un supplément de population à ces races qui s'éteignent et disparaîtront un jour, puisqu'elles ne se régénèrent pas par le travail. Ces esclaves, comme au temps de Bonaparte, deviennent souvent des soldats. Chez certains peuples du haut Niger, ils composent pour moitié les armées des chefs africains. Dans ces conditions, leur sort n'est pas sensiblement inférieur à celui des hommes libres. D'ailleurs, quand l'esclave n'est pas un soldat, il est une monnaie qui a cours, même en Égypte, et au Bornou, officiers et fonctionnaires sont payés en cette monnaie-là. Guillaume Lejean l'a vu et l'a dit.

Tel est donc l'état actuel de la traite.

Faut-il ajouter que nombre d'agents des grandes puissances européennes n'ont pas honte de montrer pour ce commerce une indulgence regrettable? Rien n'est plus vrai pourtant, et tandis que les croisières surveillent les côtes de l'Atlantique et de l'océan Indien, le trafic s'opère régulièrement à l'intérieur, les caravanes cheminent sous les yeux de certains fonctionnaires, les massacres où dix noirs périssent pour fournir un esclave s'exécutent à des époques déterminées !

Aussi comprendra-t-on, maintenant, ce qu'avaient de terrible ces paroles que Dick Sand venait de prononcer :

« L'Afrique ! L'Afrique équatoriale ! L'Afrique des traitants et des esclaves ! »

Et il ne se trompait pas : C'était l'Afrique avec tous ses dangers, pour ses compagnons et pour lui.

Mais sur quelle partie du continent africain une inexplicable fatalité l'avait-elle fait atterrir ? A la côte ouest évidemment, et, circonstance aggravante, le jeune novice devait penser que le *Pilgrim* s'était précisément jeté sur le littoral de l'Angola, où arrivent les caravanes qui desservent toute cette portion de l'Afrique.

C'était là, en effet. C'était ce pays que Cameron au sud, Stanley au nord, allaient traverser quelques années plus tard, et au prix de quels efforts ! De ce vaste territoire qui se compose de trois provinces, le Benguela, le Congo et l'Angola, on ne connaissait guère alors que le littoral. Il s'étend depuis la Nourse, au sud, jusqu'au Zaïre, au nord, et deux villes principales y forment deux ports, Benguela et Saint-Paul de

Loanda, capitale de la colonie, qui relève du royaume de Portugal.

A l'intérieur, cette contrée était alors presque inconnue. Peu de voyageurs avaient osé s'y aventurer. Un climat pernicieux, des terrains chauds et humides qui engendrent les fièvres, des indigènes barbares dont quelques-uns sont encore cannibales, la guerre à l'état permanent de tribus à tribus, la défiance des traitants contre tout étranger qui cherche à pénétrer les secrets de leur infâme commerce, telles sont les difficultés à surmonter, les dangers à vaincre dans cette province de l'Angola, l'une des plus dangereuses de l'Afrique équatoriale.

Tuckey, en 1816, avait remonté le Congo jusqu'au delà des chutes de Yellala, mais sur un parcours de deux cents milles au plus. Cette simple étape ne pouvait donner une sérieuse connaissance du pays, et pourtant elle avait causé la mort de la plupart des savants et des officiers qui composaient l'expédition.

Trente-sept ans plus tard, le docteur Livingstone s'était avancé depuis le cap de Bonne-Espérance jusque sur le haut Zambèse. De là, au mois de novembre 1853, avec une hardiesse qui n'a jamais été surpassée, il traversait l'Afrique du sud au nord-ouest, franchissait le Coango, l'un des affluents du Congo, et arrivait le 31 mai 1854 à Saint-Paul de

Loanda. C'était la première percée faite dans l'inconnu de la grande colonie portugaise.

Dix-huit ans après, deux audacieux découvreurs allaient traverser l'Afrique de l'est à l'ouest, et ressortir, l'un au sud, l'autre au nord de l'Angola, au prix de difficultés inouïes.

Le premier en date, c'est le lieutenant de la marine anglaise Verney-Howet Cameron. En 1872, on avait lieu de penser que l'expédition de l'Américain Stanley, envoyée à la recherche de Livingstone dans la région des grands lacs, était fort compromise. Le lieutenant Cameron offrit d'aller retrouver ses traces. L'offre fut acceptée. Cameron, accompagné du docteur Dillon, du lieutenant Cecil Murphy et de Robert Moffat, neveu de Livingstone, partit de Zanzibar. Après avoir traversé l'Ougogo, il rencontra le corps de Livingstone que ses fidèles serviteurs ramenaient à la côte orientale. Continuant alors sa route à l'ouest avec l'inébranlable volonté de passer d'un littoral à l'autre, traversant l'Ounyanyembé, l'Ougounda, Kahouélé où il recueillit les papiers du grand voyageur, franchissant le Tanganyika, les montagnes du Bambarré, le Loualâba dont il ne put redescendre le cours, après avoir visité toutes ces provinces dévastées par la guerre, dépeuplées par la traite, le Kilemmba, l'Ouroua, les sources du Lomané, l'Oulouda, le Lovalé, après avoir franchi la Coanza et ces immenses forêts dans lesquelles Harris venait d'égarer Dick Sand et ses compagnons, l'énergique Cameron apercevait enfin l'océan Atlantique et arrivait à Saint-Philippe de Benguela. Ce voyage de trois ans et quatre mois avait coûté la vie à deux de ses compagnons, le docteur Dillon et Robert Moffat.

A l'Anglais Cameron allait presque aussitôt succéder l'Américain Henry Moreland Stanley dans cette voie des découvertes. On sait que cet intrépide correspondant du *New-York Herald,* envoyé à la recherche de Livingstone, l'avait retrouvé le 30 octobre 1871 à Oujiji sur les bords du lac Tanganytka. Mais ce qu'il venait de faire si heureusement au point de vue de l'humanité, Stanley voulut le recommencer dans l'intérêt de la science géographique. Son objectif fut alors la complète reconnaissance du Loualâba qu'il n'avait fait qu'entrevoir. Cameron était encore perdu dans les provinces de l'Afrique centrale, lorsque Stanley, en novembre 1874, quittait Bagamoyo sur la côte orientale, abandonnait, vingt et un mois après, le 24 août 1876, Oujiji, décimée par une épidémie de variole, effectuait en soixante-quatorze jours le trajet du lac à N'yangwé, grand marché d'esclaves déjà visité par Livingstone et Cameron, et assistait aux plus horribles scènes des razzias, exécutées dans le pays des Maroungou et des

Manyouéma par les officiers du sultan de Zanzibar.

Stanley se mit en mesure alors de reconnaître le cours du Loualâba, et de le descendre jusqu'à son embouchure. Cent quarante porteurs, engagés à N'yangwé, et dix-neuf bateaux formaient le matériel et le personnel de son expédition. Il fallut combattre dès le début les anthropophages de l'Ougousou, dès le début aussi, s'employer au portage des embarcations, afin de tourner d'infranchissables cataractes. Sous l'équateur, au point où le Loualâba s'infléchit au nord-nord-est, cinquante-quatre barques montées par plusieurs centaines d'indigènes attaquaient la petite flotille de Stanley, qui parvint à les mettre en fuite. Puis, le courageux Américain, remontant jusqu'au deuxième degré de latitude boréale, constatait que le Loualâba n'était que le Haut-Zaïre ou Congo, et qu'à en suivre le cours, il descendrait directement à la mer. C'est ce qu'il fit, en se battant presque chaque jour contre les tribus riveraines. Le 3 juin 1877, au passage des cataractes de Massassa, il perdait un de ses compagnons, Francis Pocock, et lui-même, le 18 juillet, il était entraîné avec son embarcation dans les chutes de M'bélo, et n'échappait à la mort que par miracle.

Enfin, le 6 août, Henry Stanley arrivait au village de Ni Sanda, à quatre jours de la côte. Deux jours après, à Banza M'bouko, il trouvait les provisions envoyées par deux négociants d'Emboma, et il se reposait enfin dans cette petite ville du littoral, vieilli à trente-cinq ans par les fatigues et les privations, après une traversée complète du continent africain, qui avait pris deux ans et neuf mois de sa vie. Mais le cours du Loualâba était reconnu jusqu'à l'Atlantique, et si le Nil est la grande artère du nord, si le Zambèse est la grande artère de l'est, on sait maintenant que l'Afrique possède encore dans l'ouest le troisième des plus grands fleuves du monde, celui qui, dans un cours de deux mille neuf cents milles [1], sous les noms de Loualâba, de Zaïre et de Congo, réunit la région des lacs à l'océan Atlantique.

Cependant, entre ces deux itinéraires, celui de Stanley et celui de Cameron, la province d'Angola était à peu près inconnue en cette année 1873, à l'époque où le *Pilgrim* venait de se perdre sur la côte d'Afrique. Ce qu'on en savait, c'est qu'elle était le théâtre de la traite occidentale, grâce à ses importants marchés de Bihé, de Cassange et de Kazonndé.

Et c'était dans cette contrée que Dick Sand avait été entraîné, à plus de cent milles du littoral, avec une femme épuisée de fatigue et de douleur, un enfant mourant et des compagnons, nègres d'origine, proie

---

1. 4.650 kilomètres.

toute indiquée à la rapacité des marchands d'esclaves !

Oui, c'était l'Afrique, et non cette Amérique où ni les indigènes, ni les fauves, ni le climat ne sont véritablement redoutables. Ce n'était pas cette région propice, située entre les Cordillères et la côte, où les bourgades abondent, où les missions sont hospitalièrement ouvertes à tout voyageur. Elles étaient loin, ces provinces du Pérou et de la Bolivie, où la tempête eût assurément porté le *Pilgrim*, si une main criminelle n'eût dévié sa route, où des naufragés eussent trouvé tant de facilités de rapatriement !

C'était le terrible Angola, et non pas cette partie de la côte directement surveillée par les autorités portugaises, mais l'intérieur même de la colonie, que sillonnent les caravanes d'esclaves sous le fouet des havildars.

Que savait Dick Sand de ce pays où la trahison l'avait jeté ? Peu de choses, ce qu'en avaient dit les missionnaires des XVI° et XVII° siècles, les marchands portugais qui fréquentaient la route de Saint-Paul de Loanda au Zaïre par San-Salvador, ce qu'en avait raconté le docteur Livingstone, lors de son voyage de 1853, et cela eût suffi à abattre une âme moins forte que la sienne.

En vérité, la situation était épouvantable.

CHAPITRE II

HARRIS ET NEGORO.

Le lendemain du jour où Dick Sand et ses compagnons avaient établi leur dernière halte dans la forêt, deux hommes se rencontraient à trois milles de là, ainsi qu'il avait été préalablement convenu entre eux.

Ces deux hommes étaient Harris et Negoro, et l'on va voir à quoi se réduisait la part du hasard qui avait mis en présence sur le littoral de l'Angola le Portugais venu de Nouvelle-Zélande et l'Américain que son métier de traitant obligeait à parcourir souvent cette province de l'Ouest-Afrique.

Harris et Negoro s'étaient assis au pied d'un énorme banian, sur la berge d'un ruisseau torrentueux, qui coulait entre une double haie de papyrus.

La conversation commençait, car le Portugais et l'Américain venaient de se rejoindre à l'instant, et tout d'abord elle avait porté sur les faits qui s'étaient accomplis pendant ces dernières heures.

« Ainsi, Harris, dit Negoro, tu n'as pas pu entraîner plus loin dans l'Angola la petite troupe du capitaine Sand, comme ils appellent ce novice de quinze ans ?

— Non, camarade, répondit Harris, et il est même étonnant que je sois parvenu à l'amener à cent milles au moins, de la côte ? Depuis plusieurs jours, mon jeune ami Dick Sand me regardait d'un œil inquiet, ses soupçons se changeaient peu à peu en certitudes, et ma foi....

— Cent milles encore, Harris, et ces gens-là eussent été plus sûrement encore dans notre main ! Il ne faut pourtant pas qu'ils nous échappent !

— Eh ! comment le pourraient-ils ? répondit Harris qui haussa les épaules. Je te le répète, Negoro, il n'était que temps de leur fausser compagnie ! J'ai lu dans ses yeux que mon jeune ami était tenté de m'envoyer une balle en pleine poitrine, et j'ai un trop mauvais estomac pour digérer ces pruneaux de douze à la livre !

— Bon ! fit Negoro. J'ai, moi aussi, un compte à régler avec ce novice...

— Et tu le régleras à ton aise avec les intérêts, camarade. Quant à moi, pendant les premiers jours de marche, je suis bien parvenu à lui faire prendre cette province pour le désert d'Atacama que j'ai visité autrefois ; mais le moutard qui réclamait ses caoutchoucs et ses oiseaux-mouches, mais la mère qui demandait ses quinquinas, mais le cousin qui s'entêtait à trouver des cocuyos !... Ma foi, j'étais à bout d'imagination, et, après leur avoir fait avaler à grand' peine des autruches pour des girafes... une trouvaille, cela, Negoro ! — je ne savais plus qu'inventer ! D'ailleurs je voyais bien que mon jeune ami n'acceptait plus mes explications ! Puis, nous sommes tombés sur des traces d'éléphants ! Puis, les hippopotames se sont mis de la partie ! Et tu sais, Negoro, des hippopotames et des éléphants en Amérique, c'est comme des honnêtes gens aux pénitentiaires de Benguela ! Enfin, pour m'achever, voilà le vieux noir qui s'avise de dénicher au pied d'un arbre des fourches et des chaînes dont quelques esclaves s'étaient débarrassés pour fuir ! Au même moment rugit le lion, brochant sur le tout, et il est malaisé de faire prendre son rugissement pour le miaulement d'un chat inoffensif ! Je n'ai donc eu que le temps de sauter sur mon cheval et de filer jusqu'ici !

— Je comprends ! répondit Negoro. Néanmoins, j'aurais voulu les tenir cent milles plus avant dans la province !

— On fait ce qu'on peut, camarade, répondit Harris. Quant à toi, qui suivais notre caravane depuis la côte, tu as bien fait de garder ta distance. On te sentait là ! Il y a un certain Dingo, qui ne paraît pas t'affectionner. Que lui as-tu donc fait, à cet animal?

— Rien, répondit Negoro, mais avant peu, il recevra quelque balle dans la tête.

— Comme tu en aurais reçu une de Dick Sand, si tu avais montré tant soit peu de ta personne à deux cents pas de son fusil. Ah! c'est qu'il tire bien, mon jeune ami, et, entre nous, je suis obligé d'avouer que c'est, en son genre, un garçon solide !

— Si solide qu'il soit, Harris, il me payera cher ses insolences, répondit Negoro, dont la physionomie s'imprégnit d'une implacable cruauté.

— Bon, murmura Harris, mon camarade est bien resté tel que je l'ai toujours connu ! Les voyages ne l'ont pas déformé ! »

Puis après un instant de silence :

« Ah çà, Negoro, reprit-il, lorsque je t'ai si inopinément rencontré là-bas, sur le théâtre du naufrage, à l'embouchure de la Longa, tu n'as eu que le temps de me recommander ces braves gens, en me priant de les conduire aussi loin que possible à travers cette prétendue Bolivie, mais tu ne m'as pas dit ce que tu avais fait depuis deux ans! Deux ans, dans notre existence accidentée, c'est long, camarade! Un beau jour, après avoir pris la conduite d'une caravane d'esclaves pour le compte du vieil Alvez, dont nous ne sommes que les très-humbles agents, tu as quitté Cassange et l'on n'a plus entendu parler de toi! J'ai pensé que tu avais eu quelques désagréments avec la croisière anglaise et que tu étais pendu!

— Il s'en est guère fallu, Harris.

— Ça viendra, Negoro.

— Merci!

— Que veux-tu? répondit Harris avec une indifférence toute philosophique, c'est une des chances du métier! On ne fait pas la traite sur la côte d'Afrique, sans risquer de mourir ailleurs que dans son lit! Enfin, tu as été pris?...

— Oui.

— Par les Anglais!

— Non! Par les Portugais.

— Avant ou après avoir livré ta cargaison? demanda Harris.

— Après... répliqua Negoro, qui avait légèrement hésité à répondre. Ces Portugais font maintenant les difficiles! Ils ne veulent plus de l'esclavage, bien qu'ils en aient si longtemps usé à leur profit! J'étais dénoncé, surveillé. On m'a pris...

— Et condamné?...

— A finir mes jours dans le pénitentiaire de Saint-Paul de Loanda.

— Mille diables! s'écria Harris. Un pénitentiaire! Voilà un lieu malsain pour des gens habitués comme nous le sommes à vivre au grand air! Moi, j'aurais peut-être préféré être pendu!

— On ne s'échappe pas de la potence, répondit Negoro, mais de la prison...

— Tu as pu t'évader?...

— Oui, Harris! Quinze jours seulement après avoir été mis au bagne, j'ai pu me cacher à fond de cale d'un steamer anglais en partance pour Auckland de Nouvelle-Zélande. Un baril d'eau, une caisse de conserves entre lesquels je m'étais fourré, m'ont fourni à manger et à boire pendant toute la traversée. Oh! j'ai terriblement souffert à ne pas vouloir me montrer, lorsque nous avons été en mer. Mais, si j'avais été assez malavisé pour le faire, j'aurais été réintégré à fond de cale, et, volontairement ou non, la torture eût été la même! En outre, à mon arrivée à Auckland, on m'aurait remis de nouveau aux autorités anglaises, et finalement reconduit au pénitentiaire de Loanda, ou peut-être pendu, comme tu le disais! Voilà pourquoi j'ai préféré voyager incognito.

— Et sans payer ton passage! s'écria Harris en riant. Ah! voilà qui n'est pas délicat, camarade! Se faire nourrir et transporter gratis!...

— Oui, reprit Negoro, mais trente jours de traversée à fond de cale!...

— Enfin, c'est fait, Negoro. Te voilà parti pour la Nouvelle-Zélande, au pays des Maoris! Mais tu en es revenu. Est-ce que le retour s'est fait dans les mêmes conditions?

— Non pas, Harris. Tu penses bien que là-bas, je n'avais plus qu'une idée : revenir à l'Angola et reprendre mon métier de traitant.

— Oui ! répondit Harris, on aime son métier... par habitude !

— Pendant dix-huit mois... »

Ces derniers mots prononcés, Negoro s'était tu brusquement. Il avait saisi le bras de son compagnon et il écoutait.

« Harris, dit-il en baissant la voix, est-ce qu'il ne s'est pas fait comme un frémissement dans ce buisson de papyrus?

— En effet, » répondit Harris, qui saisit son fusil, toujours prêt à faire feu.

Negoro et lui se levèrent, regardèrent autour d'eux et écoutèrent avec la plus grande attention.

« Il n'y a rien, dit bientôt Harris. C'est ce ruisseau grossi par l'orage qui coule plus bruyamment. Depuis deux ans, camarade, tu as perdu l'habitude des bruits de la forêt, mais tu t'y referas. Continue donc le récit de tes aventures. Quand je connaîtrai bien le passé, nous causerons de l'avenir. »

Negoro et Harris s'étaient replacés au pied du banian. Le Portugais reprit en ces termes :

« Pendant dix-huit mois j'ai végété à Auckland. Le steamer une fois arrivé, j'avais pu quitter le bord sans être vu ; mais pas une piastre, pas un dollar en poche ! Pour vivre, j'ai dû faire tous les métiers...

— Même le métier d'honnête homme, Negoro ?

— Comme tu dis, Harris.

— Pauvre garçon !

— Or, j'attendais toujours une occasion qui tardait à venir, lorsque le baleinier *Pilgrim* arriva au port d'Auckland.

— Ce bâtiment qui s'est mis à la côte d'Angola ?

— Celui-là même, Harris, et sur lequel Mrs. Weldon, son enfant et son cousin allaient prendre passage. Or, en ma qualité d'ancien marin, ayant même été second à bord d'un négrier, je n'étais pas gêné de reprendre du service sur un bâtiment... Je me présentai donc au capitaine du *Pilgrim*, mais l'équipage était au complet. Très-heureusement pour moi, le cuisinier du brick-goëlette avait déserté. Or, il n'est pas un marin qui ne sache faire la cuisine. Je m'offris en qualité de maître-coq. Faute de mieux, on m'accepta, et quelques jours après, le *Pilgrim* avait perdu de vue les terres de Nouvelle-Zélande.

— Mais, demanda Harris, d'après ce que mon jeune ami m'a raconté, le *Pilgrim* ne faisait pas du tout voile pour la côte d'Afrique! Comment donc y est-il arrivé?

— Dick Sand ne doit pas pouvoir le comprendre encore et peut-être ne le comprendra-t-il jamais, répondit Negoro; mais je vais t'expliquer ce qui s'est passé, Harris, et tu pourras le redire à ton jeune ami, si cela te fait plaisir.

— Comment donc! répondit Harris. Parle, camarade, parle!

— Le *Pilgrim*, reprit Negoro, faisait route pour Valparaiso. Lorsque je m'embarquai, je croyais bien n'aller qu'au Chili. C'était toujours une bonne moitié du chemin entre la Nouvelle-Zélande et l'Angola, et je me rapprochais de plusieurs milliers de milles de la côte d'Afrique. Mais il arriva ceci, c'est que trois semaines après avoir quitté Auckland, le capitaine Hull, qui commandait le *Pilgrim*, disparut avec tout son équipage en chassant une baleine. Ce jour-là, il ne resta donc plus que deux marins à bord, le novice et le cuisinier Negoro.

— Et tu as pris le commandement du navire? demanda Harris.

— J'eus d'abord cette pensée, mais je voyais qu'on

se défiait de moi. Il y avait cinq vigoureux noirs à bord, des hommes libres ! Je n'aurais pas été le maître, et toute réflexion faite, je restai ce que j'étais au départ, le cuisinier du *Pilgrim*.

— C'est donc le hasard qui a conduit ce navire à la côte d'Afrique ?

— Non, Harris, répondit Negoro, il n'y a d'autre hasard dans toute cette aventure que de t'avoir rencontré, pendant une de tes tournées de traitant, précisément sur cette partie du littoral où s'était échoué le *Pilgrim*. Mais quant à être venu en vue de l'Angola, c'est par ma volonté, ma volonté secrète que cela s'est fait. Ton jeune ami, encore fort novice en navigation, ne pouvait relever sa position qu'au moyen du loch et de la boussole. Eh bien ! un jour, le loch est resté par le fond. Une nuit, la boussole a été faussée, et le *Pilgrim*, poussé par une violente tempête, a fait fausse route. La longueur de la traversée, inexplicable pour Dick Sand, l'eût été même pour le marin le plus entendu. Sans que le novice pût le savoir, ni même le soupçonner, le cap Horn fut doublé, mais moi, Harris, je le reconnus au milieu des brumes. Alors l'aiguille du compas a repris, grâce à moi, sa direction vraie, et le navire, entraîné au nord-est par cet effroyable ouragan, est venu se jeter à la côte d'Afrique, précisément sur ces terres de l'Angola que je voulais atteindre !

— Et à ce moment même, Negoro, répondit Harris, la chance m'avait amené là pour te recevoir et guider ces braves gens à l'intérieur. Ils se croyaient, ils ne pouvaient se croire qu'en Amérique, et il m'a été facile de leur faire prendre cette province pour la Basse-Bolivie, avec laquelle elle a justement quelque ressemblance.

— Oui, ils l'ont cru, comme ton jeune ami avait cru relever l'île de Pâques, quand ils passaient en vue de Tristan d'Acunha !

— Tout autre s'y serait trompé, Negoro.

— Je le sais, Harris, et je comptais bien exploiter cette erreur. Enfin, voilà mistress Weldon et ses compagnons à cent milles dans l'intérieur de cette Afrique où je voulais les entraîner !

— Mais, répondit Harris, ils savent maintenant où ils sont !

— Eh ! qu'importe à présent ! s'écria Negoro.

— Et qu'en feras-tu ? demanda Harris.

— Ce que j'en ferai ! répondit Negoro... Avant de te le dire, Harris, donne-moi donc des nouvelles de notre maître le traitant Alvez que je n'ai pas vu depuis deux ans !

— Oh ! le vieux coquin se porte à merveille ! répondit Harris, et il sera enchanté de te revoir.

— Est-il au marché de Bihé ? demanda Negoro.

— Non, camarade, depuis un an, il est à son établissement de Kazonndé.

— Et les affaires vont-elles?

— Oui, milles diables! s'écria Harris, quoique la traite devienne de plus en plus difficile, au moins sur ce littoral. Les autorités portugaises d'un côté, les croisières anglaises de l'autre, voilà qui gêne les exportations. Il n'y a guère qu'aux environs de Mossamedès, au sud de l'Angola, que l'embarquement des noirs puisse se faire maintenant avec quelque chance de succès. Aussi, en ce moment, les baracons sont-ils remplis d'esclaves, attendant les navires qui doivent les charger pour les colonies espagnoles. Quant à les passer par Benguela ou Saint-Paul de Loanda, ce n'est pas possible. Les gouverneurs n'entendent plus raison, et les chéfès[1] pas davantage. Il faudra donc se retourner vers les factoreries de l'intérieur, et c'est ce que compte faire le vieil Alvez. Il ira du côté de N'yangwé et du Tanganyika, échanger ses étoffes contre de l'ivoire et des esclaves. Les affaires sont toujours fructueuses avec la haute Égypte et la côte de Mozambique qui fournit tout Madagascar. Mais le temps viendra, je le crains, où la traite ne pourra plus s'opé-

---

1. Titre que l'on donne aux gouverneurs portugais des établissements secondaires.

rer. Les Anglais font de grands progrès à l'intérieur de l'Afrique. Les missionnaires s'avancent et marchent contre nous ! Ce Livingstone, que Dieu confonde ! après avoir achevé d'explorer la région des lacs, va, dit-on, se diriger vers l'Angola. Puis, on parle d'un lieutenant Cameron qui se propose de traverser le continent de l'est à l'ouest. On craint aussi que l'Américain Stanley ne veuille en faire autant ! Toutes ces visites finiront par nuire à nos opérations, Negoro, et si nous avons le sentiment de nos intérêts, pas un de ces visiteurs ne reviendra raconter en Europe ce qu'il aura eu l'indiscrétion de venir voir en Afrique ! »

N'eût-on pas dit, à les entendre, ces coquins, qu'ils parlaient comme d'honnêtes négociants dont une crise commerciale gêne momentanément les affaires ? Qui croirait qu'au lieu de sacs de café ou de boucauts de sucre, il s'agissait d'êtres humains à expédier comme marchandise ? Ces traitants n'ont plus aucun sentiment du juste ou de l'injuste. Le sens moral leur fait absolument défaut, et, en eussent-ils, qu'ils le perdraient vite au milieu des atrocités épouvantables de la traite africaine.

Mais où Harris avait raison, c'est lorsqu'il disait que la civilisation pénétrait peu à peu dans ces contrées sauvages à la suite de ces hardis voyageurs dont le nom se lie indissolublement aux découvertes de l'Afrique équatoriale. En tête, David Livingstone, après lui, Grant, Speke, Burton, Cameron, Stanley, ces héros, laisseront un renom impérissable de bienfaiteurs de l'humanité.

Leur conversation arrivée à ce point, Harris savait ce qu'avaient été les deux dernières années de la vie de Negoro. L'ancien agent du traitant Alvez, l'évadé du pénitentiaire de Loanda, reparaissait tel qu'il l'avait toujours connu, c'est-à-dire prêt à tout faire. Mais quel parti Negoro comptait prendre à l'égard des naufragés du *Pilgrim*, Harris ne le savait pas encore, et il le demanda à son complice.

« Et maintenant, dit-il, que feras-tu de ces gens-là ?

— J'en ferai deux parts, répondit Negoro, en homme dont le plan est depuis longtemps arrêté, ceux que je vendrai comme esclaves, et ceux que... »

Le Portugais n'acheva pas, mais sa physionomie farouche parlait assez pour lui.

« Lesquels vendras-tu ? demanda Harris.

— Ces noirs qui accompagnent mistress Weldon, répondit Negoro. Le vieux Tom n'a peut-être pas grande valeur, mais les autres sont quatre vigoureux gaillards qui vaudront cher sur le marché de Kazonndé !

— Je le crois bien, Negoro ! répondit Harris. Quatre nègres bien constitués, habitués au travail, ressemblant peu à ces brutes qui nous arrivent de l'intérieur ! Certainement, tu les vendras cher ! Des esclaves, nés n Amérique et expédiés sur les marchés de l'Angola, 'est une marchandise rare ! — Mais, ajouta l'Américain, tu ne m'as pas dit s'il y avait quelque argent à bord du *Pilgrim* ?

— Oh ! quelques centaines de dollars seulement dont j'ai opéré le sauvetage ! Heureusement, je compte sur certaines rentrées...

— Lesquelles donc, camarade ? demanda curieusement Harris.

— Rien !... répondit Negoro, qui parut regretter d'avoir parlé plus qu'il n'aurait voulu.

— Reste maintenant à s'emparer de toute cette marchandise de haut prix, dit Harris.

— Est-ce donc si difficile ? demanda Negoro.

— Non, camarade. A dix milles d'ici, sur la Coanza, est campée une caravane d'esclaves, conduite par l'arabe Ibn Hamis, et qui n'attend que mon retour pour prendre la route de Kazonndé. Il y a là plus de soldats indigènes qu'il n'en faut pour capturer Dick Sand et ses compagnons. Il suffit donc que mon jeune ami ait l'idée de se diriger vers la Coanza...

— Mais aura-t-il cette idée ? demanda Negoro.

— Sûrement, répondit Harris, puisqu'il est intelligent, et ne peut pas soupçonner le danger qui l'attend. Dick Sand ne doit pas songer à revenir à la côte par le chemin que nous avons suivi ensemble. Il se perdrait au milieu de ces immenses forêts. Il cherchera donc, j'en suis sûr, à gagner une des rivières qui courent vers le littoral, de manière à en descendre le cours sur un radeau. Il n'a pas d'autre parti à prendre, et je le connais, il le prendra.

— Oui... peut-être!... répondit Negoro, qui réfléchissait.

— Ce n'est pas « peut-être », c'est « assurément » qu'il faut dire, reprit Harris. Vois-tu, Negoro, c'est comme si j'avais donné rendez-vous à mon jeune ami sur les bords de la Coanza!

— Eh bien, répondit Negoro, en route. Je connais Dick Sand. Il ne s'attardera pas d'une heure, et il faut le devancer.

— En route, camarade ! »

Harris et Negoro se levaient tous les deux, lorsque le bruit qui avait déjà éveillé l'attention du Portugais se renouvela. C'était un frémissement des tiges entre les hauts papyrus.

Negoro s'arrêta et saisit la main d'Harris.

Tout à coup, un sourd aboiement se fit entendre. Un chien apparut au pied de la berge, la gueule ouverte, prêt à s'élancer.

« Dingo ! s'écria Harris.

— Ah ! cette fois, il ne m'échappera pas ! » répondit Negoro.

Dingo allait se jeter sur lui, lorsque Negoro, saisissant le fusil d'Harris, l'épaula vivement et fit feu.

Un long hurlement de douleur répondit à la détonation, et Dingo disparut entre la double rangée d'arbustes qui bordait le ruisseau.

Negoro descendit aussitôt jusqu'au bas de la berge.

Des gouttelettes de sang tachaient quelques tiges de papyrus, et une longue traînée rouge se dessinait sur les cailloux du ruisseau.

« Enfin, ce maudit animal a son compte! » s'écria Negoro.

Harris avait assisté, sans prononcer une parole, à toute cette scène.

« Ah çà! Negoro, dit-il, il t'en voulait donc particulièrement, ce chien-là?

— Il paraît, Harris, mais il ne m'en voudra plus!

— Et pourquoi te détestait-il si bien, camarade?

— Oh! une vieille affaire à régler entre lui et moi!

— Une vieille affaire?... » répondit Harris

Negoro n'en dit pas davantage, et Harris en conclut que le Portugais lui avait tu quelque aventure de son passé, mais il n'insista pas.

Quelques instants plus tard, tous deux, descendant le cours du ruisseau, se dirigeaient vers la Coanza, à travers la forêt.

CHAPITRE III

EN MARCHE.

L'Afrique ! Ce nom, si terrible dans les circonstances actuelles, ce nom qu'il fallait enfin substituer à celui d'Amérique, ne pouvait s'effacer un instant de la pensée de Dick Sand. Lorsque le jeune novice se reportait à quelques semaines en arrière, c'était pour se demander comment le *Pilgrim* avait fini par accoster ce dangereux rivage, comment il avait tourné le cap Horn et passé d'un océan à l'autre ! Certes, il s'expliquait maintenant pourquoi, malgré la rapide marche de son bâtiment, la terre s'était si tardivement montrée, puisque la longueur du parcours qu'il aurait eu à faire pour atteindre la côte américaine, avait été doublée à son insu !

« L'Afrique ! l'Afrique ! » répétait Dick Sand.

Puis, soudain, tandis qu'il évoquait avec une volonté tenace les incidents de cette inexplicable traversée, l'idée lui vint que sa boussole avait dû être faussée. Il se rappela, aussi, que le premier compas avait été brisé, que la ligne du loch s'était rompue, ce qui l'avait mis dans l'impossibilité de vérifier la vitesse du *Pilgrim*.

« Oui ! pensa-t-il, il ne restait plus qu'une boussole à bord, une seule dont je ne pouvais contrôler les indications !... Et, une nuit, j'ai été réveillé par un cri du vieux Tom !... Negoro était là, à l'arrière !... Il venait de tomber sur l'habitacle !... N'a-t-il pu déranger ?... »

La lumière se faisait dans l'esprit de Dick Sand. Il touchait la vérité du doigt. Il comprenait enfin tout ce qu'avait de louche la conduite de Negoro. Il voyait sa main dans cette série d'accidents qui avaient amené la perte du *Pilgrim* et si effroyablement compromis ceux qu'il portait.

Mais qu'était donc ce misérable ? Avait-il été marin, bien qu'il s'en fût toujours caché ? Était-il capable de combiner cette odieuse machination qui devait jeter le bâtiment à la côte d'Afrique ?

En tout cas, s'il existait encore des points obscurs dans le passé, le présent n'en pouvait plus offrir. Le jeune novice ne savait que trop qu'il était en Afrique, et très-probablement dans cette funeste province de l'Angola, à plus de cent milles de la côte. Il savait aussi que la trahison d'Harris ne pouvait être mise en doute. De là, à conclure que l'Américain et le Portugais se connaissaient de longue date, qu'un hasard fatal les avait réunis sur ce littoral, qu'un plan avait été concerté entre eux, dont le résultat devait être funeste aux naufragés du *Pilgrim*, la plus simple logique y conduisait.

Et maintenant, pourquoi ces odieux agissements? Que Negoro voulût, à la rigueur, s'emparer de Tom et de ses compagnons et les vendre comme esclaves dans ce pays de la traite, on pouvait l'admettre. Que le Portugais, mû par un sentiment de haine, cherchât à se venger de lui, Dick Sand, qui l'avait traité comme il le méritait, cela se concevait encore. Mais Mrs. Weldon, mais cette mère, ce petit enfant, qu'en voulait donc faire le misérable!

Si Dick Sand eût pu surprendre quelque peu de la conversation tenue entre Harris et Negoro, il aurait su à quoi s'en tenir, et quels dangers menaçaient Mrs. Weldon, les noirs et lui-même!

La situation était effroyable, mais le jeune novice ne faiblit pas. Capitaine à bord, il resterait capitaine à terre. A lui de sauver Mrs. Weldon, le petit Jack, tous ceux dont le ciel avait remis le sort entre ses mains. Sa tâche ne faisait que commencer! Il l'accomplirait jusqu'au bout!

Après deux ou trois heures, pendant lesquelles le présent et l'avenir résumèrent dans son esprit leurs bonnes et leurs mauvaises chances, — ces dernières plus nombreuses, hélas! — Dick Sand se releva, ferme, résolu.

Les premières lueurs du jour éclairaient alors les hautes cimes de la forêt. A l'exception du novice et de Tom, tous dormaient.

Dick Sand s'approcha du vieux noir.

« Tom, lui dit-il à voix basse, vous avez reconnu le rugissement du lion, vous avez reconnu les engins du marchand d'esclaves, vous savez que nous sommes en Afrique !

— Oui, monsieur Dick, je le sais.

— Eh bien, Tom, pas un mot de tout cela, ni à mistress Weldon, ni à vos compagnons. Il faut que nous soyons seuls à savoir, seuls à craindre !...

— Seuls... en effet... Il le faut !... répondit Tom.

— Tom, reprit le novice, nous avons à veiller plus sévèrement que jamais Nous sommes en pays ennemi, et quels ennemis ! quel pays ! Il suffira de dire à nos compagnons que nous avons été trahis par Harris, pour qu'ils se tiennent sur leurs gardes. Ils penseront que nous avons à redouter quelque attaque d'Indiens nomades, et cela suffira.

— Vous pouvez absolument compter sur leur courage et leur dévouement, monsieur Dick.

— Je le sais, comme je compte sur votre bon sens et votre expérience. Vous me viendrez en aide, mon vieux Tom ?

— En tout et partout, monsieur Dick. »

Le parti de Dick Sand était arrêté et fut approuvé du vieux noir. Si Harris s'était vu prendre en flagrante trahison, avant l'heure d'agir, du moins le jeune novice et ses compagnons n'étaient-ils pas sous le coup d'un danger immédiat. En effet, c'était la rencontre des fers abandonnés par quelques esclaves, c'était le rugissement inattendu du lion, qui avaient provoqué la disparition soudaine de l'Américain. Il s'était senti découvert, et il avait fui, probablement avant que la petite troupe qu'il guidait n'eût atteint l'endroit où elle devait être attaquée. Quant à Negoro, dont Dingo avait certainement reconnu la présence pendant ces derniers jours de marche, il devait avoir rejoint Harris, afin de se concerter avec lui. En tout cas, quelques heures s'écouleraient sans doute avant que Dick Sand et les siens ne fussent assaillis, et il fallait en profiter.

L'unique plan était de regagner la côte au plus vite. Cette côte, le jeune novice avait toutes raisons de le penser, devait être celle de l'Angola. Après l'avoir atteinte, Dick Sand chercherait à gagner, soit au nord, soit au sud, les établissements portugais, où ses compagnons pourraient attendre en sûreté quelque mode de rapatriement.

Mais, pour effectuer ce retour au littoral, fallait-il reprendre le chemin déjà parcouru? Dick Sand ne le pensait pas, et, en cela, il allait se rencontrer avec Harris, qui avait clairement entrevu que les circonstances obligeraient le jeune novice à couper au plus court.

En effet, il eût été malaisé, pour ne pas dire imprudent, de recommencer ce difficile cheminement à travers la forêt, qui n'aboutirait, d'ailleurs, qu'à se retrouver au point de départ. C'était aussi permettre aux complices de Negoro de suivre une piste assurée. Le moyen de passer sans laisser de traces, une rivière dont on redescendrait plus tard le cours, l'offrait seul. En même temps, on avait moins à redouter les attaques des fauves, qui, par une heureuse chance, s'étaient tenus jusqu'ici à bonne distance. Une agression même des indigènes, dans ces circonstances, présentait aussi moins de gravité. Dick Sand et ses compagnons, une fois embarqués sur un solide radeau, bien armés, se trouveraient dans de meilleures conditions pour se défendre. Le tout était de trouver le cours d'eau.

Il faut ajouter aussi, étant donné l'état actuel de Mrs. Weldon et de son petit Jack, que ce mode de transport convenait mieux. Les bras ne manquaient certainement pas pour porter l'enfant malade. A défaut du cheval d'Harris, on pouvait même établir une civière de branchages, sur laquelle Mrs. Weldon aurait trouvé place. Mais c'était employer à ce portage deux noirs sur cinq, et Dick Sand voulait avec raison que tous ses compagnons fussent libres de leurs mouvements dans le cas d'une soudaine attaque.

Et puis, à descendre le courant d'une rivière, le jeune novice se retrouverait sur son élément!

La question se réduisait donc à savoir s'il existait aux environs quelque cours d'eau utilisable. Dick Sand le pensait, et voici pourquoi.

La rivière qui se jetait dans l'Atlantique, au lieu d'échouage du *Pilgrim*, ne pouvait remonter ni très au nord, ni très à l'est de la province, puisqu'une chaîne de montagnes assez rapprochées, — celles-là mêmes qu'on avait pu prendre pour les Cordillères, — fermaient l'horizon sur ces deux côtés. Donc, ou la rivière descendait de ces hauteurs, ou elle s'infléchissait vers le sud, et, dans les deux cas, Dick Sand ne pouvait tarder à en rencontrer le cours. Peut-être même, avant ce fleuve, — car il avait droit à cette qualification comme tributaire direct de l'Océan, — se présenterait-il quelqu'un de ses affluents qui suffirait au transport de la petite troupe. En tout cas, un cours d'eau quelconque ne devait pas être éloigné.

En effet, pendant les derniers milles du voyage, la nature des terrains s'était modifiée. Les pentes s'abaissaient et devenaient humides. Çà et là couraient d'étroites rivulettes, qui indiquaient que le sous-sol renfermait tout un réseau aqueux. Dans la dernière journée de marche, la caravane avait côtoyé un de ces ruisseaux dont les eaux, rougies d'oxyde de fer, se teignaient à ses berges dégradées. Le retrouver ne devait être ni long, ni difficile. Évidemment, on ne pourrait descendre son cours torrentueux, mais il serait aisé de le suivre jusqu'à son embouchure sur quelque affluent plus considérable, et partant, plus navigable.

Tel fut le plan très-simple auquel s'arrêta Dick Sand, après avoir conféré avec le vieux Tom.

Le jour venu, tous leurs compagnons se réveillèrent peu à peu. Mrs. Weldon déposa son petit Jack, encore assoupi, entre les bras de Nan. L'enfant, tout décoloré dans la période d'intermittence, faisait peine à voir.

Mrs. Weldon s'approcha de Dick Sand.

« Dick, demanda-t-elle, après l'avoir regardé, où est Harris? Je ne l'aperçois pas. »

Le jeune novice pensa que, tout en laissant croire à ses compagnons qu'il foulaient le sol de la Bolivie, il ne devait pas leur cacher la trahison de l'Américain. Aussi, sans hésiter :

« Harris n'est plus là, dit-il.

— Est-il donc allé en avant ? reprit Mrs. Weldon.

— Il a fui, mistress Weldon, répondit Dick Sand. Cet Harris est un traître, et c'est d'accord avec Negoro qu'il nous a entraînés jusqu'ici !

— Dans quel but ? demanda vivement Mrs. Weldon.

— Je l'ignore, répondit Dick Sand, mais ce que je sais, c'est qu'il nous faut revenir sans retard à la côte.

— Cet homme... un traître ! répéta Mrs. Weldon. Je le pressentais ! Et tu penses, Dick, qu'il est d'accord avec Negoro ?

— Cela doit être, mistress Weldon. Ce misérable était sur nos traces. Le hasard a mis ces deux coquins en présence, et....

— Et j'espère bien qu'ils ne se seront pas séparés, lorsque je les retrouverai, dit Hercule. Je casserai la tête de l'un avec la tête de l'autre ! ajouta le géant, en tendant ses deux formidables poings.

— Mais mon enfant ! s'écria Mrs. Weldon. Ces soins que j'espérais lui trouver à l'hacienda de San-Felice !...

— Jack se rétablira, répondit le vieux Tom, lorsqu'il se rapprochera de la partie plus saine du littoral.

— Dick, reprit Mrs. Weldon, tu es sûr que cet Harris nous a trahis ?

— Oui, mistress Weldon, » répondit le jeune novice, qui aurait voulu éviter toute explication à ce sujet.

Aussi se hâta-t-il d'ajouter, en regardant le vieux noir :
« Cette nuit, Tom et moi, nous avons découvert sa trahison, et, s'il n'eût pris la fuite en sautant sur son cheval, je l'aurais tué !

— Ainsi cette ferme ?...

— Il n'y a ni ferme, ni village, ni bourgade aux environs, répondit Dick Sand. Mistress Weldon, je vous le répète, il faut revenir à la côte.

— Par le même chemin, Dick ?...

— Non, mistress Weldon, en descendant un cours d'eau qui nous ramènera à la mer sans fatigue et sans danger. Encore quelques milles à pied, et je ne doute pas...

— Oh ! je suis forte, Dick ! répondit Mrs. Weldon, qui se roidit contre sa propre faiblesse. Je marcherai ! Je porterai mon enfant !...

— Nous sommes là, mistress Weldon, répondit Bat, et nous vous porterons vous-même !

— Oui ! oui !... ajouta Austin. Deux branches d'arbre, du feuillage en travers...

— Merci, mes amis, répondit Mrs. Weldon, mais je veux marcher... Je marcherai. En route !

— En route ! répondit le jeune novice.

— Donnez-moi Jack ! dit Hercule, qui enleva l'enfant des bras de Nan. Quand je n'ai rien à porter, ça me fatigue ! »

Et le brave nègre prit délicatement, entre ses robustes bras, le petit garçon endormi, qui ne se réveilla même pas.

Les armes furent visitées avec soin. Ce qui restait de provisions fut réuni en un seul ballot, de manière à ne faire que la charge d'un homme. Actéon le jeta sur son dos, et ses compagnons restèrent ainsi libres de leurs mouvements.

Cousin Bénédict, dont les longues jambes d'acier défiaient toute fatigue, était prêt à partir. Avait-il remarqué la disparition d'Harris ? Il serait imprudent de l'affirmer. Peu lui importait. D'ailleurs, il était sous le coup d'une des plus terribles catastrophes qui pût le frapper.

En effet, grave complication, cousin Bénédict avait perdu sa loupe et ses lunettes.

Très-heureusement aussi, mais sans qu'il s'en doutât, Bat avait trouvé les deux précieux appareils au milieu des grandes herbes de la couchée ; mais, sur le conseil de Dick Sand, il les avait gardés. De cette façon, on serait sûr que le grand enfant se tiendrait tranquille pendant la marche, puisqu'il n'y voyait pas comme on dit, plus loin que le bout de son nez.

Aussi, placé entre Actéon et Austin, avec l'injonction formelle de ne pas les quitter, le piteux Bénédict ne fit-il entendre aucune récrimination, et suivit-il à son rang, comme un aveugle qu'on eût mené en laisse.

La petite troupe n'avait pas fait cinquante pas, lorsque le vieux Tom l'arrêta soudain d'un mot.

« Et Dingo ? dit-il.

— En effet, Dingo n'est pas là ! » répondit Hercule.

Et de sa voix puissante, le noir appela le chien à plusieurs reprises.

Aucun aboiement ne lui répondit.

Dick Sand restait silencieux. L'absence du chien était regrettable, car il eût gardé la petite troupe de toute surprise.

« Dingo aurait-il donc suivi Harris ? demanda Tom.

— Harris, non... répondit Dick Sand, mais il a pu se jeter sur la piste de Negoro. Il le sentait sur nos traces !

— Ce cuisinier de malheur aura vite fait de lui envoyer une balle !... s'écria Hercule.

— A moins que Dingo ne l'étrangle auparavant ! répliqua Bat.

— Peut-être ! répondit le jeune novice. Mais nous ne pouvons attendre le retour de Dingo. S'il est vivant, d'ailleurs, l'intelligent animal saura bien nous retrouver. En avant ! »

Le temps était très-chaud. Dès l'aube, de gros nuages barraient l'horizon. Il y avait déjà menace d'orage dans l'air. Probablement, la journée ne finirait pas sans quelque coup de tonnerre. Heureusement, la forêt, bien que moins épaisse, maintenait un peu de fraîcheur à la surface du sol. Çà et là, de grandes futaies encadraient des prairies couvertes d'une herbe haute et drue. En de certains endroits, d'énormes troncs, déjà silicifiés, gisaient à terre, — indice de terrains houillers, tels qu'il s'en rencontre fréquemment sur le continent africain. Puis, dans les clairières, dont le tapis verdoyant se mélangeait de quelques brindilles roses, les fleurs variaient leurs couleurs, gingembres jaunes ou bleus, lobélies pâles, orchidées rouges, incessamment visitées par les insectes qui les fécondaient.

Les arbres ne formaient plus alors d'impénétrables massifs, mais leurs essences étaient plus variées. C'étaient des élaïs, sortes de palmiers donnant une huile recherchée en Afrique, des cotonniers, formant des buissons hauts de huit à dix pieds, dont les tiges ligneuses produisaient un coton à longues soies, presque analogue à celui de Fernambouc. Là, des copals laissaient suinter par des trous, dus à la trompe de certains insectes, une odorante résine qui coulait jusqu'au sol où elle s'emmagasinait pour les besoins des indigènes. Ici s'éparpillaient des citronniers, des grenadiers à l'état sauvage, et vingt autres plantes arborescentes, qui attestaient la prodigieuse fertilité de ce plateau de l'Afrique centrale. En maint endroit aussi, l'odorat était agréablement affecté par une fine odeur de vanille, sans que l'on pût découvrir quel arbrisseau l'exhalait.

Tout cet ensemble d'arbres et de plantes verdoyait, bien que l'on fût en pleine saison sèche, et que de rares orages dussent seuls arroser ces terrains si luxuriants. C'était donc l'époque des fièvres ; mais, ainsi que l'a fait observer Livingstone, on peut généralement s'en délivrer en fuyant l'endroit même où elles ont été contractées. Dick Sand connaissait cette remarque du grand voyageur et il espérait que le petit Jack ne la démentirait pas. Il le dit à Mrs. Weldon, après avoir constaté que l'accès périodique n'était pas revenu comme on devait le craindre, et que l'enfant reposait paisiblement dans les bras d'Hercule.

On allait ainsi, prudemment et rapidement. Parfois, se voyaient des traces récentes d'une passée d'hommes ou d'animaux. Les branches des buissons et des broussailles, écartées ou brisées, permettaient alors de marcher d'un pas plus égal. Mais, la plupart du temps, des obstacles multiples, qu'il fallait renverser, retardaient la petite troupe, au grand déplaisir de Dick Sand. C'étaient des lianes entremêlées qu'on a pu justement comparer au gréement en désordre d'un navire, certains sarments semblables à des damas recourbés, dont la lame serait garnie de longues épines, des serpents végétaux, longs de cinquante ou soixante pieds, qui ont la propriété de se retourner pour piquer le passant de leurs dards aigus. Les noirs, la hache à la main, les coupaient à grands coups, mais ces lianes reparaissaient sans cesse, depuis le ras du sol jusqu'à la cime des plus hauts arbres qu'elles enguirlandaient.

Le règne animal n'était pas moins curieux que le règne végétal dans cette partie de la province. Les oiseaux voletaient en grand nombre sous cette puissante ramure, mais, on le comprend, ils n'avaient aucun coup de fusil à craindre de la part de gens qui voulaient passer aussi secrètement que rapidement. Il y avait là des pintades par bandes considérables, des francolins de diverses sortes, très-difficiles à approcher, et quelques-uns de ces oiseaux que les Américains du Nord ont, par onomatopée, appelés « vhip-poor-will », trois syllabes qui reproduisent exactement leurs cris. Dick Sand et Tom auraient pu vraiment se croire sur quelque province du nouveau continent. Mais, hélas! ils savaient à quoi s'en tenir!

Jusqu'alors, les fauves, si dangereux en Afrique, n'avaient point approché la petite troupe. On vit encore, dans cette première étape, des girafes qu'Harris eût sans doute désignées sous le nom d'autruches, — en vain, cette fois. Ces rapides animaux passaient rapidement, effrayés par l'apparition d'une caravane sous ces forêts peu fréquentées. Au loin, à la lisière des prairies, s'élevait parfois aussi un épais nuage de poussière. C'était un troupeau de buffles qui galopait avec un bruit de chariots pesamment chargés.

Pendant deux milles, Dick Sand suivit ainsi le cours de la rivulette, qui devait aboutir à quelque rivière plus importante. Il lui tardait d'avoir confié ses compagnons au rapide courant de l'un des fleuves du littoral. Il comptait bien que dangers et fatigues seraient moins grands.

Vers midi, trois milles avaient été franchis sans mauvaise rencontre. D'Harris ou de Negoro, il n'y avait aucune trace. Dingo n'avait pas reparu.

Il fallut faire halte pour prendre repos et nourriture.

Le campement fut établi dans un fourré de bambous, qui abrita complétement la petite troupe.

On parla peu pendant ce repas. Mrs. Weldon avait repris son petit garçon entre ses bras; elle ne le quittait pas des yeux; elle ne pouvait manger.

« Il faut prendre quelque nourriture, mistress Weldon, lui répéta plusieurs fois Dick Sand. Que deviendriez-vous si les forces vous manquaient? Mangez, mangez! Nous nous remettrons bientôt en route, et un bon courant nous portera sans fatigue à la côte. »

Mrs. Weldon regardait Dick Sand bien en face, pendant qu'il lui parlait ainsi. Les yeux ardents du jeune novice disaient tout le courage dont il se sentait animé. En le voyant tel, en observant ces braves noirs si dévoués, femme et mère, elle ne voulait pas désespérer encore. Et, d'ailleurs, pourquoi se fût-elle abandonnée? Ne se croyait-elle pas sur une terre hospitalière? La trahison d'Harris ne pouvait, à ses yeux, avoir des conséquences bien graves. Dick Sand devinait le cours de ses pensées, et lui, il était tenté de baisser la tête.

CHAPITRE IV

LES MAUVAIS CHEMINS DE L'ANGOLA.

En ce moment, le petit Jack se réveilla et passa ses bras au cou de sa mère. Son œil était meilleur. La fièvre n'était pas revenue.

« Tu vas mieux, mon chéri? demanda Mrs. Weldon en pressant l'enfant malade sur son cœur.

— Oui, mère, répondit Jack, mais j'ai un peu soif. »

On ne put donner à l'enfant que de l'eau fraîche, dont il but quelques gorgées avec plaisir.

« Et mon ami Dick? demanda-t-il.

— Me voici, Jack, répondit Dick Sand, qui vint prendre la main du jeune enfant.

— Et mon ami Hercule?...

— Présent, Hercule, monsieur Jack, répondit le géant en approchant sa bonne figure.

— Et le cheval? demanda le petit Jack.

— Le cheval? Parti, monsieur Jack, répondit Hercule. Maintenant, c'est moi le cheval! C'est moi qui vous porte. Est-ce que vous trouvez que j'ai le trot trop dur?

— Non, répondit le petit Jack, mais alors je n'aurai plus de bride à tenir?

— Oh! vous me mettrez un mors, si vous voulez, dit Hercule en ouvrant sa large bouche, et vous pourrez tirer dessus tant que cela vous fera plaisir!

— Tu sais bien que je ne tirerai presque pas?

— Bon! vous auriez tort! J'ai la bouche dure!

— Mais la ferme de monsieur Harris?... demanda encore une fois le petit garçon.

— Nous y arriverons bientôt, mon Jack, répondit Mrs. Weldon... Oui... bientôt!

— Voulez-vous que nous repartions? dit alors Dick Sand, pour couper court à cette conversation.

— Oui, Dick, en route! » répondit Mrs. Weldon.

Le campement fut levé et la marche reprise dans le même ordre. Il fallut passer à travers le taillis, afin de ne point abandonner le cours de la rivulette. Il y avait eu là quelques sentiers, autrefois, mais ces sentiers étaient « morts », suivant l'expression indigène, c'est-à-dire que ronces et broussailles les avaient envahis. On dut faire un mille dans ces pénibles conditions et y employer trois heures. Les noirs travaillaient sans relâche. Hercule, après avoir remis le petit Jack entre les bras de Nan, prit sa part de la besogne, et quelle part! Il poussait des « hans » vigoureux en faisant tournoyer sa hache, et une trouée se faisait devant lui comme s'il eût été un feu dévorant.

Heureusement, ce fatigant travail ne devait pas durer. Ce premier mille franchi, on vit une large trouée, pratiquée à travers le taillis, qui aboutissait obliquement à la rivulette et en suivait la berge. C'était une passée d'éléphants, et ces animaux, par centaines sans doute, avaient l'habitude de redescendre cette partie de la forêt. De grands trous, faits par les pieds des énormes pachydermes, criblaient un sol détrempé à l'époque des pluies et dont la nature spongieuse se prêtait à ces larges empreintes.

Il parut bientôt que cette passée ne servait pas seulement à ces gigantesques animaux. Des êtres humains avaient plus d'une fois pris cette route, mais comme l'auraient suivie des troupeaux brutalement conduits vers l'abattoir. Çà et là, des ossements jonchaient le sol, des restes de squelettes à demi rongés par les fauves, et dont quelques-uns portaient encore les entraves de l'esclave!

Il y a, dans l'Afrique centrale, de longs chemins, ainsi jalonnés par des débris humains. Des centaines de milles sont parcourus par des caravanes, et combien de malheureux tombent en route sous le fouet des agents, tués par la fatigue ou les privations, décimés par la maladie! Combien encore, massacrés par les traitants eux-mêmes, lorsque les vivres viennent à manquer! Oui! quand on ne peut plus les nourrir, on les tue à coups de fusil, à coups de sabres, à coups de couteaux, et ces massacres ne sont pas rares!

Ainsi donc, des caravanes d'esclaves avaient suivi ce chemin. Pendant un mille, Dick Sand et ses compagnons heurtèrent à chaque pas ces ossements épars, mettant en fuite d'énormes engoulevents, qui d'un vol pesant s'enlevaient à leur approche et tournoyaient dans l'air.

Mrs. Weldon regardait sans voir. Dick Sand tremblait qu'elle ne vînt à l'interroger, car il conservait l'espoir de la ramener à la côte sans lui dire que la trahison d'Harris les avait égarés dans une province africaine. Heureusement, Mrs. Weldon ne s'expliquait pas ce qu'elle avait sous les yeux. Elle avait voulu reprendre son enfant, et le petit Jack, endormi, absorbait toute sa pensée. Nan marchait près d'elle, et ni l'une ni l'autre ne firent au jeune novice les terribles questions qu'il redoutait. Le vieux Tom, lui, allait les yeux baissés. Il ne comprenait que trop pourquoi cette trouée était bordée d'ossements humains.

Ses compagnons regardaient à droite, à gauche, d'un air surpris, comme s'ils eussent traversé un interminable cimetière, dont un cataclysme aurait bouleversé les tombes, mais ils passaient en silence.

Cependant, le lit de la rivulette se creusait et s'élargissait à la fois. Son cours était moins torrentueux. Dick Sand espérait qu'il deviendrait bientôt navigable ou qu'il se jetterait avant peu dans quelque rivière plus importante, tributaire de l'Atlantique.

Suivre à tout prix ce cours d'eau, c'est à quoi le jeune novice était bien décidé. Aussi n'hésita-t-il pas à abandonner cette trouée, lorsque, remontant par une ligne oblique, elle s'éloigna de la rivulette.

La petite troupe s'aventura donc encore une fois à travers l'épais taillis. On marcha à la hache, au milieu des lianes et des buissons inextricablement enchevêtrés. Mais, si ces végétaux obstruaient le sol, ce n'était plus l'épaisse forêt qui confinait au littoral. Les arbres se faisaient rares. De larges gerbes de bambous se dressaient seulement au-dessus des herbes, si hautes qu'Hercule lui-même ne les dominait pas de la tête. Le passage de la petite troupe n'eût été révélé que par l'agitation de ces tiges.

Ce jour-là, vers trois heures après-midi, la nature

du terrain se modifia absolument. C'étaient de longues plaines qui devaient être entièrement inondées dans la saison des pluies. Le sol, plus marécageux, se tapissait d'épaisses mousses surmontées de charmantes fougères. Venait-il à se relever par quelque tumescence à pente roide, on voyait apparaître l'hématite brune, derniers affleurements, sans doute, de quelque riche gisement de minerai.

Dick Sand se souvint alors, et fort à propos, de ce qu'il avait lu des voyages de Livingstone. Plus d'une fois, l'audacieux docteur faillit rester dans ces marécages, très-perfides au pied.

« Faites attention, mes amis, dit-il en prenant les devants. Éprouvez le sol avant de marcher dessus.

— En effet, répondit Tom, on dirait que ces terrains ont été détrempés par la pluie, et cependant il n'a pas plu pendant ces derniers jours.

— Non, répondit Bat, mais l'orage n'est pas loin!

— Raison de plus, répondit Dick Sand, pour nous hâter de franchir ce marécage avant qu'il n'éclate! — Hercule, reprenez le petit Jack dans vos bras. Bat, Austin, tenez-vous près de mistress Weldon, de manière à pouvoir la soutenir au besoin. — Vous, monsieur Bénédict... Eh bien! que faites-vous donc, monsieur Bénédict?...

— Je tombe!... » répondit simplement cousin Bénédict, qui venait de disparaître, comme si quelque trappe se fût subitement ouverte sous ses pieds.

En effet, le pauvre homme s'était aventuré sur une sorte de fondrière et avait disparu jusqu'à mi-corps dans une boue tenace. On lui tendit la main, et il se releva couvert de vase, mais très-satisfait de n'avoir point endommagé sa précieuse boîte d'entomologiste. Actéon se plaça près de lui, et eut pour fonction de prévenir toute nouvelle chute du malencontreux myope.

D'ailleurs, cousin Bénédict avait assez mal choisi cette fondrière pour s'y enfoncer. Lorsqu'on le retira de ce sol boueux, une grande quantité de bulles monta à la surface, et en crevant, elles laissèrent échapper des gaz d'une odeur suffocante. Livingstone, qui eut quelquefois de cette vase jusqu'à la poitrine, comparait ces terrains à un ensemble d'énormes éponges faites d'une terre noire et poreuse, d'où le pied faisait jaillir de nombreux filets d'eau. Ces passages étaient toujours fort dangereux.

Pendant l'espace d'un demi-mille, Dick Sand et ses compagnons durent marcher sur ce sol spongieux. Il devint même si mauvais que Mrs. Weldon fut obligée de s'arrêter, car elle enfonçait jusqu'à mi-jambe dans la fondrière. Hercule, Bat et Austin, voulant lui épargner plus encore les désagréments que la fatigue d'un passage à travers cette plaine marécageuse, firent une litière de bambous sur laquelle elle consentit à prendre place. Son petit Jack fut placé dans ses bras, et l'on s'occupa de traverser au plus vite ce marécage pestilentiel.

Les difficultés furent grandes. Actéon tenait vigoureusement cousin Bénédict. Tom aidait Nan qui, sans lui, eût plusieurs fois disparu dans quelque crevasse. Les trois autres noirs portaient la litière. En tête, Dick Sand sondait le terrain. Le choix de l'emplacement où mettre le pied ne se faisait pas sans peine. Il fallait marcher de préférence sur les rebords, que recouvrait une herbe épaisse et coriace; mais souvent le point d'appui manquait, et l'on s'enfonçait jusqu'au genou dans la vase.

Enfin, vers cinq heures du soir, le marécage ayant été franchi, le sol reprit une dureté suffisante, grâce à sa nature argileuse; mais on le sentait humide dans les dessous. Très-évidemment, ces terrains se trouvaient placés en contre-bas des rivières voisines, et l'eau courait à travers leurs pores.

En ce moment, la chaleur était devenue accablante. Elle eût même été insoutenable, si d'épais nuages orageux ne se fussent interposés entre les rayons brûlants et le sol. Des éclairs lointains commençaient à déchirer la nue, et de sourds roulements de tonnerre grondaient dans les profondeurs du ciel. Un formidable orage allait éclater.

Or, ces cataclysmes sont terribles en Afrique : pluies torrentielles, rafales auxquelles ne résistent pas les arbres les plus solides, foudroiements coup sur coup, telle est la lutte des éléments sous cette latitude. Dick Sand le savait bien, et il devint extrêmement inquiet. On ne pouvait passer la nuit sans abri. La plaine risquait d'être inondée, et elle ne présentait pas un seul ressaut sur lequel il fût possible de chercher refuge!

Mais l'abri, où le chercherait-on dans ce bas-fond désert, sans un arbre, sans un buisson? Les entrailles mêmes du sol ne l'auraient pas donné. A deux pieds de la surface, on eût trouvé l'eau.

Cependant, vers le nord, une série de collines peu élevées semblaient limiter la plaine marécageuse. C'était comme le bord de cette dépression du terrain. Quelques arbres s'y profilaient sur une dernière zone plus claire, que les nuages ménageaient à la ligne d'horizon.

Là, si l'abri manquait encore, la petite troupe, du moins, ne risquerait plus d'être prise dans une inondation possible. Là était peut-être le salut de tous.

« En avant, mes amis, en avant! répétait Dick Sand. Trois milles encore, et nous serons plus en sûreté que dans les bas-fonds.

— Hardi! hardi! » criait Hercule.

Le brave noir eût voulu prendre tout ce monde dans ses bras et le porter à lui seul.

Ces paroles enflammaient ces hommes courageux, et malgré les fatigues d'une journée de marche, ils s'avançaient plus vite alors qu'ils ne l'avaient fait au commencement de l'étape.

Quand l'orage éclata, le but à atteindre se trouvait à plus de deux milles encore. Toutefois, — ce qui était le plus à craindre, — la pluie n'accompagna pas les premiers éclairs qui furent échangés entre le sol et les nuages électriques. L'obscurité devint presque complète alors, bien que le soleil n'eût pas disparu derrière l'horizon. Mais le dôme des vapeurs s'abaissait peu à peu, comme s'il eût menacé de s'effondrer, — effondrement qui devait se résoudre en une pluie torrentielle. Des éclairs, rouges ou bleus, le crevaient en mille endroits et enveloppaient la plaine d'un inextricable réseau de feux.

Vingt fois, Dick et ses compagnons coururent le risque d'être foudroyés. Sur ce plateau, dépourvu d'arbres, ils formaient les seuls points saillants qui pussent attirer les décharges électriques. Jack, réveillé par les fracas du tonnerre, se cachait dans les bras d'Hercule. Il avait bien peur, le pauvre petit, mais il ne voulait pas le laisser voir à sa mère, dans la crainte de l'affliger davantage. Hercule, tout en marchant à grands pas, le consolait de son mieux.

« N'ayez pas peur, petit Jack, lui répétait-il. Si le tonnerre nous approche, je le casserai en deux, d'une seule main ! Je suis plus fort que lui ! »

Et vraiment, la force du géant rassurait bien un peu le petit Jack !

Cependant, la pluie ne pouvait tarder à tomber, et alors, ce seraient des torrents que verseraient ces nuages en se condensant. Que deviendraient Mrs. Weldon et ses compagnons, s'ils ne trouvaient pas un abri ?

Dick Sand s'arrêta un instant près du vieux Tom.

« Que faire ? dit-il.

— Continuer notre marche, monsieur Dick, répondit Tom. Nous ne pouvons rester sur cette plaine, que la pluie va transformer en marécage !

— Non, Tom, non ! mais un abri ! Où ? Lequel ? Ne fût-ce qu'une hutte !... »

Dick Sand avait brusquement interrompu sa phrase. Un éclair, plus blanc, venait d'illuminer la plaine tout entière.

« Qu'ai-je vu, là, à un quart de mille ?... s'écria Dick Sand.

— Oui, moi aussi, j'ai vu !... répondit le vieux Tom en secouant la tête.

— Un camp, n'est-ce pas ?

— Oui... monsieur Dick... ce doit être un camp... mais un camp d'indigènes !... »

Un nouvel éclair permit d'observer plus nettement ce camp, qui occupait une partie de l'immense plaine.

Là, en effet, se dressaient une centaine de tentes coniques, symétriquement rangées et mesurant douze à quinze pieds de hauteur. Pas un soldat ne se montrait d'ailleurs. Étaient-ils donc enfermés sous leurs tentes, afin de laisser passer l'orage, ou le camp était-il abandonné ?

Dans le premier cas, Dick Sand, quelles que fussent les menaces du ciel, devait fuir au plus vite. Dans le second, là était peut-être l'abri qu'il demandait.

« Je le saurai ! » se dit-il.

Puis, s'adressant au vieux Tom :

« Restez ici, ajouta-t-il. Que personne ne me suive ! J'irai reconnaître ce camp.

— Laissez l'un de nous vous accompagner, monsieur Dick.

— Non, Tom. J'irai seul ! Je puis approcher sans être vu. Restez. »

La petite troupe, que précédaient Tom et Dick Sand, fit halte. Le jeune novice les détacha aussitôt et disparut au milieu de l'obscurité, qui était profonde lorsque les éclairs ne déchiraient pas la nue.

Quelques grosses gouttes de pluie commençaient déjà à tomber.

« Qu'y a-t-il? demanda Mrs. Weldon, qui s'approcha du vieux noir.

— Nous avons aperçu un camp, mistress Weldon, répondit Tom, un camp... ou peut-être un village, et notre capitaine a voulu aller le reconnaître avant de nous y conduire ! »

Mrs. Weldon se contenta de cette réponse.

Trois minutes après, Dick Sand était de retour.

« Venez ! Venez ! cria-t-il d'une voix qui exprimait tout son contentement.

— Le camp est abandonné ? demanda Tom.

— Ce n'est pas un camp ! répondit le jeune novice, ce n'est pas une bourgade ! Ce sont des fourmilières !

— Des fourmilières ! s'écria cousin Bénédict, que ce mot mit en éveil.

— Oui, monsieur Bénédict, mais des fourmilières hautes de douze pieds au moins, et dans lesquelles nous essayerons de nous blottir !

— Mais alors, répondit cousin Bénédict, ce seraient les fourmilières du termite belliqueux ou du termite dévorant ! Il n'y a que ces insectes de génie qui élèvent de tels monuments, que ne désavoueraient pas les plus grands architectes !

— Que ce soient des termites ou non, monsieur Bénédict, répondit Dick Sand, il faut les déloger et prendre leur place.

— Ils nous dévoreront! Ils seront dans leur droit!

— En route, en route...

— Mais, attendez donc! dit encore cousin Bénédict. Je croyais que ces fourmilières-là n'existaient qu'en Afrique!...

— En route! cria une dernière fois Dick Sand avec une sorte de violence, tant il craignait que Mrs. Weldon n'eût entendu le dernier mot prononcé par l'entomologiste.

On suivit Dick Sand en toute hâte. Un vent furieux s'était levé. De grosses gouttes crépitaient sur le sol. Dans quelques instants, les rafales deviendraient insoutenables.

Bientôt, un de ces cônes qui hérissaient la plaine fut atteint, et quelque menaçants que fussent les termites, il ne fallait point hésiter, si l'on ne pouvait les en chasser, à partager leur demeure.

Au bas de ce cône, fait d'une sorte d'argile rougeâtre, se creusait un trou fort étroit, qu'Hercule élargit avec son coutelas en quelques instants, de manière à livrer passage même à un homme tel que lui.

A l'extrême surprise du cousin Bénédict, pas un seul des milliers de termites qui auraient dû occuper la fourmilière ne se montra. Le cône était-il donc abandonné ?

Le trou agrandi, Dick et ses compagnons s'y glissèrent, et Hercule disparut le dernier, au moment où la pluie tombait avec une telle rage, qu'elle semblait éteindre les éclairs.

Mais il n'y avait plus rien à craindre de ces rafales. Un heureux hasard avait fourni à la petite troupe cet abri solide, meilleur qu'une tente, meilleur qu'une hutte d'indigène.

C'était un de ces cônes de termites, qui, suivant la comparaison du lieutenant Cameron, sont, pour avoir été bâtis par de si petits insectes, plus étonnants que les pyramides d'Égypte, élevées par la main de l'homme.

« C'est, dit-il, comme si un peuple avait bâti le mont Everest, l'une des plus hautes montagnes de la chaîne de l'Hymalaya. »

CHAPITRE V

LEÇON SUR LES FOURMIS DANS UNE FOURMILIÈRE.

En ce moment, l'orage éclatait avec une violence inconnue aux latitudes tempérées.

C'était providentiel que Dick Sand et ses compagnons eussent trouvé ce refuge !

En effet, la pluie ne tombait pas en gouttes distinctes, mais par filets d'eau d'épaisseur variable. C'était, quelquefois, une masse compacte et faisant nappe, comme une cataracte, un Niagara. Qu'on se figure un bassin aérien, contenant toute une mer, et se renversant d'un coup subit. Sous de tels épanchements, le sol se ravine, les plaines se changent en lacs, les ruisseaux en torrents, les rivières débordées inondent de vastes territoires. C'est que, contrairement à ce qui arrive dans les zônes tempérées où la violence des orages est en raison inverse de leur durée, en Afrique, si forts qu'ils soient, ils continuent pendant des journées entières. Comment tant d'électricité peut-elle s'être emmagasinée dans les nuages? comment tant de vapeurs ont-elles pu s'accumuler? c'est ce qu'il est difficile de comprendre. Il en est ainsi, pourtant, et l'on peut se croire transporté aux époques extraordinaires de la période diluvienne.

Heureusement, la fourmilière, très-épaisse de parois, était parfaitement imperméable. Une hutte de castors, de terre bien battue, n'eût pas été plus étanche. Un torrent aurait passé dessus, sans qu'une seule goutte d'eau eût filtré à travers ses pores.

Dès que Dick Sand et ses compagnons eurent pris possession du cône, ils s'occupèrent d'en reconnaître la disposition intérieure. La lanterne fut allumée, et la fourmilière s'éclaira d'une lumière suffisante. Ce cône, qui mesurait douze pieds de hauteur au dedans, avait onze pieds de large, sauf à sa partie supérieure, qui s'arrondissait en forme de pain de sucre. Partout, l'épaisseur des parois était d'un pied environ, et un vide existait entre les étages de cellules qui les tapissaient.

Que l'on s'étonne de la construction de pareils monuments, dus à d'industrieuses phalanges d'insectes, il n'est pas moins vrai qu'il s'en trouve fréquemment à l'intérieur de l'Afrique. Un voyageur hollandais du siècle dernier, Smeathman, a pu occuper avec quatre de ses compagnons le sommet de l'un de ces cônes. Dans le Loundé, Livingstone a observé plusieurs de ces fourmilières, bâties en argile rouge, dont la hauteur atteignait quinze et vingt pieds. Le lieutenant Cameron a maintes fois pris pour un camp ces agglomérations de cônes qui hérissaient la plaine, dans le N'yangwé. Il s'est même arrêté au pied de véritables édifices, non plus de vingt pieds, mais de quarante et de cinquante, énormes cônes arrondis, flanqués de clochetons comme le dôme d'une cathédrale, tels qu'en possède l'Afrique méridionale.

A quelle espèce de fourmi était donc due l'édification prodigieuse de ces fourmilières?

« Au termite belliqueux, » avait sans hésité répondu cousin Bénédict, dès qu'il eut reconnu la nature des matériaux employés à leur construction.

Et, en effet, les parois, ainsi qu'on l'a dit, étaient faites d'argile rougeâtre. Si elles eussent été formées d'une terre d'alluvion grise ou noire, il aurait fallu les attribuer au « termes mordax » ou au « termes atrox ». On le voit, ces insectes ont des noms peu rassurants, qui ne pouvaient plaire qu'à un entomologiste renforcé, tel qu'était cousin Bénédict.

La partie centrale du cône, dans laquelle la petite troupe avait d'abord trouvé place et qui formait le vide intérieur, n'eût pas suffi à la contenir; mais, de larges cavités superposées faisaient autant de cases dans lesquelles une personne de moyenne taille pouvait se blottir. Que l'on imagine une succession de tiroirs ouverts, au fond de ces tiroirs des millions d'alvéoles qu'avaient occupées les termites, et l'on se figurera aisément la disposition intérieure de la fourmilière. En somme, ces tiroirs s'étageaient comme les cadres d'une cabine de bâtiment, et ce fut dans les cadres supérieurs que Mrs. Weldon, le petit Jack, Nan et cousin Bénédict purent se réfugier. A l'étage au-dessous se blottirent Austin, Bat, Actéon. Quant à Dick Sand, Tom et Hercule, ils restèrent à la partie inférieure du cône.

« Mes amis, dit alors le jeune novice aux deux noirs, le sol commence à s'imprégner. Il faut donc le remblayer en faisant ébouler l'argile de la base; mais prenons garde à ne pas obstruer le trou par lequel pénètre l'air extérieur. Il ne faut pas risquer d'étouffer dans cette fourmilière !

— Ce n'est qu'une nuit à passer, répondit le vieux Tom.

— Eh bien, tâchons qu'elle nous repose de tant de fatigues ! Voici, depuis dix jours, la première fois que nous n'aurons pas dormi en plein air !

— Dix jours! répéta Tom.

— D'ailleurs, ajouta Dick Sand, puisque ce cône forme un solide abri, peut-être conviendra-t-il d'y demeurer vingt-quatre heures. Pendant ce temps, j'irai reconnaître le cours d'eau que nous cherchons et qui ne peut être éloigné. Je pense même que, jusqu'au moment où nous aurons construit un radeau, mieux vaudra ne pas quitter cet abri. L'orage ne saurait nous y atteindre. Faisons-nous donc un sol plus résistant et plus sec. »

Les ordres de Dick Sand furent aussitôt exécutés. Hercule fit ébouler avec sa hache le premier étage d'alvéoles, qui se composait d'argile assez friable. Il exhaussa ainsi d'un bon pied la partie intérieure du terrain marécageux sur lequel reposait la fourmilière, et Dick Sand s'assura que l'air pouvait librement pénétrer à l'intérieur du cône à travers l'orifice percé à sa base.

C'était, certes, une heureuse circonstance que la fourmilière eût été abandonnée par les termites. Avec quelques milliers de ces fourmis, elle eût été inhabitable. Mais avait-elle été évacuée depuis longtemps, ou ces voraces névroptères venaient-ils seulement de la quitter? Il n'était pas superflu de se poser cette question.

Cousin Bénédict se l'était posée tout d'abord, tant

il était surpris d'un tel abandon, et il fut bientôt convaincu que l'émigration avait été récente.

En effet, il ne tarda pas à redescendre à la partie inférieure du cône, et là, éclairé par la lanterne, il se mit à fureter les coins les plus secrets de la fourmilière. Il découvrit ainsi ce qu'il appela le « magasin général » des termites, c'est-à-dire l'endroit où ces industrieux insectes entassaient les provisions de la colonie.

C'était une cavité creusée dans la paroi, non loin de la cellule royale, que le travail d'Hercule avait fait disparaître, en même temps que les cellules destinées aux jeunes larves.

Dans ce magasin, cousin Bénédict recueillit une certaine quantité de parcelles de gomme et de sucs de plantes à peine solidifiés, — ce qui prouvait que les termites les avaient nouvellement apportés du dehors.

« Eh bien non, s'écria-t-il, non! comme s'il eût répondu à quelque contradiction qui lui eût été faite. Non! cette fourmilière n'a pas été abandonnée depuis longtemps!

— Qui vous dit le contraire, monsieur Bénédict? répondit Dick Sand. Récemment ou non, l'important pour nous est que les termites l'aient quittée, puisque nous devions y prendre leur place!

— L'important, répondit cousin Bénédict, serait de savoir pour quelles raisons ils l'ont quittée! Hier, ce matin même, ces sagaces névroptères l'habitaient encore, puisque voilà des sucs liquides, et ce soir..

— Mais qu'en voulez-vous conclure, monsieur Bénédict? demanda Dick Sand.

— Qu'un pressentiment secret a dû les inviter à abandonner la fourmilière. Non-seulement aucun de ces termites n'est resté dans les cellules, mais ils ont poussé le soin jusqu'à emporter les jeunes larves dont je ne puis trouver une seule! Eh bien, je répète que tout cela ne s'est pas fait sans motif, et que ces perspicaces insectes prévoyaient quelque danger prochain!

— Ils prévoyaient que nous allions envahir leur demeure! répondit Hercule en riant.

— Vraiment! répliqua cousin Bénédict, que cette réponse du brave noir choqua sensiblement. Vous croyez-vous donc si vigoureux que vous soyez un danger pour ces courageux insectes? Quelques milliers de ces névroptères auraient vite fait de vous réduire à l'état de squelette, s'ils vous rencontraient mort sur leur chemin!

— Mort, sans doute! répondit Hercule, qui ne voulait pas se rendre; mais vivant, j'en écraserais bien des masses!

— Vous en écraseriez cent mille, cinq cent mille,

un million! répliqua cousin Bénédict en s'animant, mais non pas un milliard, et un milliard vous dévorerait, vivant ou mort, jusqu'à la dernière parcelle ! »

Pendant cette discussion, qui était moins oiseuse qu'on eût pu le croire, Dick Sand réfléchissait à cette observation qu'avait faite cousin Bénédict. Nul doute que le savant ne connût assez les mœurs des termites pour ne point se tromper. S'il affirmait qu'un secret instinct les avait avertis de quitter récemment la fourmilière, c'est qu'en vérité il y avait peut-être péril à y demeurer.

Cependant, comme il ne pouvait être question d'abandonner cet abri au moment où l'orage se déchaînait avec une intensité sans égale, Dick Sand ne chercha pas davantage l'explication de ce qui paraissait être assez inexplicable, et il se contenta de répondre :

« Eh bien, monsieur Bénédict, si les termites ont laissé leurs provisions dans cette fourmilière, n'oublions pas que nous avons apporté les nôtres, et soupons. Demain, lorsque l'orage aura cessé, nous aviserons à prendre un parti. »

On s'occupa alors de préparer le repas du soir, car si grande qu'eût été la fatigue, elle n'avait pu altérer l'appétit de ces vigoureux marcheurs. Au contraire, et les conserves, qui devaient leur suffire pendant deux jours encore, furent bien accueillies. Le biscuit n'avait pas été atteint par l'humidité, et, pendant quelques minutes, on put l'entendre craquer sous les dents solides de Dick Sand et de ses compagnons. Entre les mâchoires d'Hercule, c'était comme le grain sous la meule du meunier. Il ne croquait pas, il broyait.

Seule, Mrs. Weldon mangea à peine, et encore parce que Dick Sand l'en pria bien. Il lui semblait que cette courageuse femme était plus préoccupée, plus sombre qu'elle ne l'avait été jusqu'alors. Cependant, son petit Jack était moins souffrant, l'accès de fièvre n'était pas revenu, et, en ce moment, il reposait sous les yeux de sa mère dans une alvéole bien rembourrée de vêtements. Dick Sand ne savait que penser.

Il est inutile de dire que cousin Bénédict fit honneur au repas, non qu'il donnât aucune attention ni à la qualité, ni à la quantité des comestibles qu'il dévorait, mais parce qu'il avait trouvé l'occasion favorable de faire un cours d'entomologie sur les termites. Ah! s'il avait pu trouver un termite, un seul, dans la fourmilière abandonnée! Mais rien!

« Ces admirables insectes, dit-il, sans se préoccuper de savoir si on l'écoutait, ces admirables insectes appartiennent à l'ordre merveilleux des névroptères, dont les antennes sont plus longues que la tête, les mandibules très-distinctes, les ailes inférieures la plupart du temps égales aux supérieures. Cinq tribus constituent cet ordre : les Panorpartes, les Myrmiléoniens, les Hémérobins, les Termitines et les Perlides. Inutile d'ajouter que les insectes dont nous occupons, indûment peut-être, la demeure, sont des Termitines. »

En ce moment, Dick Sand écoutait très-attentivement cousin Bénédict. La rencontre de ces termites avait-elle éveillé en lui la pensée qu'il était peut-être sur le continent africain sans savoir par quelle fatalité il avait pu y arriver? Le jeune novice était très-anxieux de s'en rendre compte.

Le savant, monté sur son dada favori, continuait à chevaucher de plus belle.

« Or, ces termitines, dit-il, sont caractérisées par quatre articles aux tarses, des mandibules cornées et d'une vigueur remarquable. Il y a le genre mantispe, le genre raphidie, le genre termite, souvent connus sous le nom de fourmis blanches, dans lequel on compte le termite fatal, le termite à corselet jaune, le termite lucifuge, le mordant, le destructeur...

— Et ceux qui ont construit cette fourmilière?... demanda Dick Sand.

— Ce sont les belliqueux ! répondit cousin Bénédict, qui prononça ce nom comme il eût fait des Macédoniens ou autre peuple antique, brave à la guerre. Oui! des belliqueux et de toute taille ! Entre Hercule et un nain, la différence serait moindre qu'entre le plus grand de ces insectes et le plus petit. S'il y a parmi eux des ouvriers longs de cinq millimètres, des soldats longs de dix, des mâles et des femelles longs de vingt, on y rencontre aussi une espèce bien autrement curieuse, des « sirafous », longs d'un demi-pouce, qui ont des tenailles pour mandibules, et une tête plus grosse que le corps, comme des requins ! Ce sont les requins des insectes, et entre des sirafous et un requin aux prises, je parierais pour les sirafous !

— Et où observe-t-on plus communément ces sirafous ? demanda alors Dick Sand.

— En Afrique, répondit cousin Bénédict, dans les provinces centrales et méridionales. L'Afrique est, par excellence, le pays des fourmis. Il faut lire ce qu'en dit Livingstone dans les dernières notes rapportées par Stanley ! Plus heureux que moi, le docteur a pu assister à une bataille homérique, livrée entre une armée de fourmis noires et une armée de fourmis rouges. Celles-ci, qu'on appelle « drivers », et que les indigènes nomment sirafous, furent victorieuses. Les autres, les « tchoungous », prirent la fuite, emportant leurs œufs et leurs jeunes, non sans s'être courageusement défendues. Jamais, au dire de Livingstone, jamais l'humeur batailleuse n'a été portée plus loin, ni chez l'homme, ni chez la bête ! Avec leur tenace mandibule qui arrache le morceau, ces sirafous font reculer l'homme le plus brave. Les plus gros animaux eux-mêmes, lions, éléphants, fuient devant elles. Rien ne les arrête, ni arbres qu'elles escaladent jusqu'à la cime, ni ruisseaux qu'elles franchissent en se faisant un pont suspendu de leurs propres corps accrochés les uns aux autres ! Et nombreuses ! Un autre voyageur africain, Du Chaillu, a vu défiler pendant douze heures une colonne de ces fourmis, qui pourtant ne s'attardaient pas en route ! Pourquoi s'étonner, d'ailleurs, à la vue de tant de myriades ? La fécondité des insectes est surprenante, et pour en revenir à nos termites belliqueux, on a constaté qu'une femelle pondait jusqu'à soixante mille œufs par jour ! Aussi ces névroptères fournissent-ils aux indigènes une nourriture succulente. Des fourmis grillées, mes amis, je ne sais rien de meilleur au monde !

— En avez-vous donc mangé, monsieur Bénédict ? demanda Hercule.

— Jamais, répondit le savant professeur, mais j'en mangerai.

— Où ?

— Ici.

— Ici, nous ne sommes pas en Afrique ! dit assez vivement Tom.

— Non... Non!... répondit cousin Bénédict, et cependant, jusqu'ici, ces termites belliqueux et leurs villages de fourmilières n'ont été observés que sur le continent africain. Ah! voilà bien les voyageurs! Ils ne savent pas voir! Eh! tant mieux, après tout. J'ai déjà découvert une tsetsé en Amérique! A cette gloire, je joindrai celle d'avoir signalé les termites belliqueux sur le même continent! Quelle matière à un mémoire qui fera sensation dans l'Europe savante, et peut-être à quelque in-folio avec planches et gravures hors texte!... »

Il était évident que la vérité ne s'était pas fait jour dans le cerveau du cousin Bénédict. Le pauvre homme et tous ses compagnons, Dick Sand et Tom exceptés, se croyaient et devaient se croire là où ils n'étaient pas! Il fallait d'autres éventualités, des faits plus graves encore que certaines curiosités scientifiques, pour les détromper!

Il était alors neuf heures du soir. Cousin Bénédict avait longtemps parlé. S'aperçut-il que ses auditeurs, accotés dans leurs alvéoles, s'étaient endormis peu à peu pendant son cours d'entomologie? Non, sans doute. Il professait pour lui. Dick Sand ne l'interrogeait plus et restait immobile, bien qu'il ne dormît pas. Quant à Hercule, il avait résisté plus longtemps que les autres; mais la fatigue finit bientôt par fermer ses yeux, et avec ses yeux ses oreilles.

Cousin Bénédict, pendant quelque temps encore,

continua à disserter. Cependant, le sommeil eut enfin raison de lui, et il remonta jusqu'à la cavité supérieure du cône, dans laquelle il avait déjà élu domicile.

Un profond silence se fit alors dans l'intérieur de la fourmilière, pendant que l'orage emplissait l'espace de fracas et de feux. Rien ne semblait indiquer que le cataclysme fût près de sa fin.

La lanterne avait été éteinte. L'intérieur du cône était plongé dans une obscurité absolue.

Tous dormaient, sans doute. Dick Sand seul ne cherchait pas dans le sommeil ce repos qui lui eût été si nécessaire, cependant. Sa pensée l'absorbait. Il songeait à ses compagnons, qu'il voulait à tout prix sauver. L'échouement du *Pilgrim* n'avait pas marqué la fin de leurs cruelles épreuves, et de bien autrement terribles les menaçaient, s'ils tombaient entre les mains des indigènes.

Et comment éviter ce danger, le pire de tous, pendant ce retour à la côte? Bien évidemment, Harris et Negoro ne les avaient point amenés à cent milles dans l'intérieur de l'Angola sans un dessein secret de s'emparer d'eux! Mais que méditait donc ce misérable Portugais? A qui en voulait sa haine? Le jeune novice se répétait que lui seul l'avait encourue, et alors il passait en revue tous les incidents qui avaient signalé la traversée du *Pilgrim*, la rencontre de l'épave et des noirs, la poursuite de la baleine, la disparition du capitaine Hull et de son équipage !

Dick Sand se retrouvait alors, à quinze ans, chargé du commandement d'un navire, auquel la boussole et le loch allaient bientôt manquer par la criminelle manœuvre de Negoro. Il se revoyait faisant acte d'autorité vis-à-vis de l'insolent cuisinier, le menaçant de l'envoyer aux fers ou de lui faire sauter la tête d'un coup de revolver ! Ah ! pourquoi sa main avait-elle hésité ! Le cadavre de Negoro aurait été jeté par-dessus le bord, et tant de catastrophes ne se seraient pas produites !

Tel était le cours des pensées du jeune novice. Puis, elles s'arrêtaient un instant sur le naufrage qui avait terminé la traversée du *Pilgrim*. Le traître Harris apparaissait alors, et cette province de l'Amérique méridionale se transformait peu à peu. La Bolivie devenait l'Angola terrible, avec son fiévreux climat, ses bêtes fauves, ses indigènes plus cruels encore ! La petite troupe pourrait-elle y échapper pendant son retour à la côte ? Cette rivière, que Dick Sand recherchait, qu'il espérait rencontrer, les conduirait-elle au littoral avec plus de sécurité, avec moins de fatigues ? Il n'en voulait pas douter, car il savait bien qu'une marche de cent milles dans cette inhospitalière contrée, au milieu de dangers incessants, n'était plus possible !

« Heureusement, se disait-il, mistress Weldon, tous ignorent la gravité de la situation ! Le vieux Tom et moi, nous sommes seuls à savoir que Negoro nous a jetés à la côte d'Afrique, et qu'Harris nous a entraînés dans les profondeurs de l'Angola ! »

Dick Sand en était là de ses accablantes pensées, lorsqu'il sentit comme un souffle passer sur son front. Une main s'appuya sur son épaule, et une voix émue murmura ces mots à son oreille :

« Je sais tout, mon pauvre Dick, mais Dieu peut encore nous sauver ! Que sa volonté soit faite ! »

CHAPITRE VI

LA CLOCHE A PLONGEURS.

A cette révélation inattendue, Dick Sand n'aurait pu répondre! D'ailleurs, Mrs. Weldon avait aussitôt regagné sa place près du petit Jack. Elle n'en voulait évidemment pas dire davantage, et le jeune novice n'aurait pas eu le courage de la retenir.

Ainsi Mrs. Weldon savait à quoi s'en tenir. Les divers incidents de la route l'avaient éclairée, elle aussi, et peut-être ce mot : « Afrique!... » si malheureusement prononcé la veille par cousin Bénédict!

« Mistress Weldon sait tout, se répéta Dick Sand. Eh bien, mieux vaut peut-être qu'il en soit ainsi! La courageuse femme ne désespère pas! Je ne désespérerai pas non plus! »

Il tardait maintenant à Dick Sand que le jour revînt, et qu'il fût à même d'explorer les environs de ce village de termites. Une rivière tributaire de l'Atlantique, et son cours rapide, voilà ce qu'il lui fallait trouver pour transporter toute sa petite troupe, et il avait comme un pressentiment que ce cours d'eau ne devait pas être éloigné. Ce qu'il fallait surtout c'était éviter la rencontre des indigènes, peut-être lancés à leur poursuite déjà sous la direction d'Harris et de Negoro.

Mais le jour ne se faisait pas encore. Aucune lueur ne s'infiltrait par l'orifice inférieur au dedans du cône. Des roulements, que l'épaisseur des parois rendaient sourds, indiquaient que l'orage ne s'apaisait pas. En prêtant l'oreille, Dick Sand entendait aussi la pluie tomber avec violence à la base de la fourmilière, et comme les larges gouttes ne frappaient plus un sol dur, il fallait en conclure que toute la plaine était inondée.

Il devait être onze heures environ. Dick Sand sentit alors qu'une sorte de torpeur, sinon un véritable sommeil, allait l'endormir. Ce serait toujours du repos. Mais au moment d'y céder, la pensée lui vint que par le tassement de l'argile imbibée, l'orifice inférieur risquait de s'obstruer. Tout passage eût été fermé à l'air du dehors, et au dedans, la respiration de dix personnes allait promptement le vicier en le chargeant d'acide carbonique.

Dick Sand se laissa donc glisser jusqu'au sol, qui avait été rehaussé avec l'argile du premier étage d'alvéoles.

Ce bourrelet était parfaitement sec encore, et l'orifice entièrement dégagé. L'air pénétrait librement à l'intérieur du cône, et avec lui quelques lueurs de fulgurations et les sonorités éclatantes de cet orage qu'une pluie diluvienne ne pouvait éteindre.

Dick Sand vit que tout était bien. Aucun danger ne semblait menacer immédiatement ces termites humains substitués à la colonie des névroptères. Le jeune novice songea donc à se refaire par quelques heures de sommeil, puisqu'il en subissait déjà l'influence.

Seulement, par une suprême précaution, Dick Sand se coucha sur ce terrassement d'argile, au bas du cône, à portée de l'étroit orifice. De cette façon, aucun accident ne pourrait se produire à l'extérieur, sans qu'il fût le premier à le signaler. Le jour levant le réveillerait aussi, et il serait à même de commencer l'exploration de la plaine.

Dick Sand se coucha donc, la tête accotée à la paroi, son fusil sous sa main, et, presque aussitôt, il s'endormit.

Ce qu'avait duré cet assoupissement, il n'aurait pu le dire, lorsqu'il fut réveillé par une vive sensation de fraîcheur.

Il se releva et reconnut, non sans grande anxiété, que l'eau envahissait la fourmilière, et si rapidement même qu'elle eut atteint en quelques secondes l'étage d'alvéoles qu'occupaient Tom et Hercule.

Ceux-ci, réveillés par Dick Sand, furent mis au courant de cette nouvelle complication.

La lanterne, rallumée, éclaira aussitôt l'intérieur du cône.

L'eau s'était arrêtée à une hauteur de cinq pieds environ, et restait stationnaire.

« Qu'y a-t-il, Dick? demanda Mrs. Weldon.

— Ce n'est rien, répondit le jeune novice. La partie inférieure du cône a été inondée. Il est probable que, pendant cet orage, une rivière voisine aura débordé sur la plaine.

— Bon! fit Hercule, cela prouve que la rivière est là!

— Oui, répondit Dick Sand, et c'est elle qui nous portera à la côte. Rassurez-vous donc, mistress Weldon, l'eau ne peut vous atteindre, ni le petit Jack, ni Nan, ni monsieur Bénédict! »

Mrs. Weldon ne répondit pas. Quant au cousin, il dormait comme un véritable termite.

Cependant, les noirs, penchés sur cette nappe d'eau, qui reflétait la lumière de la lanterne, attendaient que Dick Sand, qui mesurait la hauteur de l'inondation, leur indiquât ce qu'il convenait de faire.

Dick Sand se taisait, après avoir fait mettre les provisions et les armes hors des atteintes de l'inondation.

« L'eau a pénétré par l'orifice ? dit Tom.

— Oui, répondit Dick Sand, et, maintenant, elle empêche l'air intérieur de se renouveler.

— Ne pourrions-nous faire un trou dans la paroi au-dessus du niveau de l'eau ? demanda le vieux noir.

— Sans doute... Tom ; mais, si nous avons cinq pieds d'eau, au dedans, il y en a peut-être six ou sept... plus même... au dehors !

— Vous pensez, monsieur Dick ?

— Je pense, Tom, que l'eau, en montant à l'intérieur de la fourmilière, a dû comprimer l'air dans sa partie supérieure, et que cet air fait maintenant obstacle à ce qu'elle s'élève plus haut. Mais, si nous percions dans la paroi un trou par lequel l'air s'échapperait, ou bien l'eau monterait encore jusqu'à ce qu'elle eût atteint le niveau extérieur, ou, si elle dépassait le trou, elle monterait jusqu'au point où l'air comprimé la contiendrait encore. Nous devons être ici comme sont des ouvriers dans une cloche à plongeur.

— Que faire alors ? demanda Tom.

— Bien réfléchir avant d'agir, répondit Dick Sand. Une imprudence pourrait nous coûter la vie ! »

L'observation du jeune novice était très-juste. En

comparant le cône à une cloche immergée, il avait eu raison. Seulement dans cet appareil, l'air est incessamment renouvelé au moyen de pompes, les plongeurs respirent convenablement, et ils ne subissent d'autres inconvénients que ceux qui peuvent résulter d'un séjour prolongé dans une atmosphère comprimée, qui n'est plus à la pression normale.

Mais ici, outre ces inconvénients, l'espace était déjà réduit d'un tiers par l'envahissement de l'eau, et, quant à l'air, il ne serait renouvelé que si, par un trou, on le mettait en communication avec l'atmosphère extérieure.

Pouvait-on, sans courir les dangers dont avait parlé Dick Sand, pratiquer ce trou, et la situation n'en serait-elle pas aggravée?

Ce qui était certain, c'est que l'eau se maintenait alors à un niveau que deux causes seulement pouvaient lui faire dépasser: ou si l'on perçait un trou, et que le niveau de la crue lui fût supérieur au dehors; ou si la hauteur de cette crue augmentait encore. Dans ces deux cas, il ne serait plus resté à l'intérieur du cône qu'un étroit espace où l'air, non renouvelé, se fût comprimé davantage.

Mais la fourmilière ne pouvait-elle être arrachée du sol et renversée par l'inondation, à l'extrême danger de ceux qu'elle renfermait? Non, pas plus qu'une hutte de castors, tant elle adhérait fortement par sa base.

Donc, ce qui constituait l'éventualité la plus redoutable, c'était la persistance de l'orage, et, par suite, l'accroissement de l'inondation. Trente pieds d'eau sur la plaine auraient recouvert le cône de dix-huit pieds et refoulé l'air au dedans sous une pression d'une atmosphère.

Or, en y réfléchissant bien, Dick Sand fut conduit à craindre que cette inondation ne prît un développement considérable. En effet, elle ne devait pas être uniquement due à ce déluge que versaient les nuages. Il semblait plus probable qu'un cours d'eau des environs, grossi par l'orage, avait rompu ses berges et s'était répandu sur cette plaine, placée en contre-bas. Et qui prouvait que la fourmilière n'était pas alors entièrement immergée, et qu'il n'était déjà plus possible d'en sortir même par sa calotte supérieure, qu'il n'eût été ni long ni difficile de démolir !

Dick Sand, extrêmement inquiet, se demandait ce qu'il devait faire. Fallait-il attendre ou brusquer le dénouement de la situation, après avoir reconnu l'état des choses ?

Il était alors trois heures du matin. Tous, immobiles, silencieux, écoutaient. Les bruits du dehors n'arrivaient plus que très-affaiblis à travers l'orifice obstrué.

Toutefois, une sourde rumeur, large et continue, indiquait bien que la lutte des éléments n'avait pas cessé.

En ce moment, le vieux Tom fit observer que le niveau de l'eau s'élevait peu à peu.

« Oui, répondit Dick Sand, et s'il monte, quoique l'air ne puisse s'échapper au dehors, c'est que la crue augmente et le refoule de plus en plus !

— C'est peu de chose jusqu'ici, dit Tom.

— Sans doute, répondit Dick Sand, mais où ce niveau s'arrêtera-t-il ?

— Monsieur Dick, demanda Bat, voulez-vous que je sorte de la fourmilière ? En plongeant, j'essayerai de me glisser par le trou...

— Il vaut mieux que je tente moi-même l'expérience, répondit Dick Sand.

— Non, monsieur Dick, non, répondit vivement le vieux Tom. Laissez faire mon fils, et fiez-vous à son adresse. Au cas où il ne pourrait revenir, votre présence est nécessaire ici ! »

Puis, plus bas :

« N'oubliez pas mistress Weldon et le petit Jack !

— Soit, répondit Dick Sand. Allez donc, Bat. Si la fourmilière est submergée, ne cherchez pas à y rentrer. Nous essayerons d'en sortir comme vous l'aurez fait. Mais si le cône émerge encore, frappez sur sa calotte à grands coups de la hache dont vous allez vous munir. Nous vous entendrons, et ce sera pour nous le signal de la démolir de notre côté. C'est bien compris?

— Oui, monsieur Dick, répondit Bat.

— Va donc, garçon! » ajouta le vieux Tom, qui serra la main de son fils.

Bat, après avoir fait bonne provision d'air par une longue aspiration, plongea sous la masse liquide dont la profondeur dépassait alors cinq pieds. C'était une besogne assez difficile, puisqu'il aurait à chercher l'orifice inférieur, à s'y glisser, puis à remonter à la surface extérieure des eaux. Cela demandait à être exécuté prestement.

Près d'une demi-minute s'écoula. Dick Sand pensait donc que Bat avait réussi à passer au-dehors, quand le noir émergea.

« Eh bien? s'écria Dick Sand.

— Le trou est bouché par les décombres! répondit Bat, dès qu'il put reprendre haleine.

— Bouché! répéta Tom.

— Oui! répondit Bat. L'eau a probablement délayé l'argile... J'ai tâté de la main autour des parois.... Il n'y a plus de trou! »

Dick Sand hocha la tête. Ses compagnons et lui étaient hermétiquement séquestrés dans ce cône, que l'eau submergeait peut-être.

« S'il n'y a plus de trou, dit alors Hercule, il faut en refaire un !

— Attendez, répondit le jeune novice, en arrêtant Hercule qui, sa hache à la main, se disposait à plonger. »

Dick Sand réfléchit pendant quelques instants : Puis,

« Nous allons procéder autrement, dit-il. Toute la question est de savoir si l'eau recouvre la fourmilière ou non. Si nous faisions une petite ouverture au sommet du cône, nous saurions bien ce qui en est. Mais au cas où la fourmilière serait maintenant submergée, l'eau l'envahirait tout entière, et nous serions perdus. Procédons en tâtonnant...

— Mais vite ! » répondit Tom.

En effet, le niveau continuait à monter peu à peu. Il y avait alors six pieds d'eau à l'intérieur du cône. A l'exception de Mrs. Weldon, de son fils, du cousin Bénédict et de Nan, qui s'étaient réfugiés dans les cavités supérieures, tous étaient maintenant immergés jusqu'à mi-corps.

Donc, il y avait nécessité de se hâter d'agir, ainsi que le proposait Dick Sand.

Ce fut à un pied au-dessus du niveau intérieur, par conséquent à sept pieds du sol, que Dick Sand résolut de percer un trou dans la paroi d'argile.

Si, par ce trou, on était en communication avec l'air extérieur, c'est que le cône émergeait. Si, au contraire, ce trou était percé au-dessous du niveau de l'eau au dehors, l'air serait refoulé intérieurement, et, dans ce cas, il faudrait le boucher rapidement, ou bien l'eau s'élèverait jusqu'à son orifice. Puis, on recommencerait l'expérience un pied au-dessus, et ainsi de suite. Mais si, enfin, à la partie supérieure de la calotte, on ne rencontrait pas encore l'air extérieur, c'est qu'il y avait plus de quinze pieds d'eau dans la plaine, et que tout le village des termites avait disparu sous l'inondation! Et alors, quelle chance restait-il aux prisonniers de la fourmilière d'échapper à la plus épouvantable des morts, la mort par asphyxie lente!

Dick Sand savait tout cela, mais son sang-froid ne l'abandonna pas un instant. Les conséquences de l'expérience qu'il voulait tenter, il les avait nettement calculées. Attendre plus longtemps n'était pas possible, d'ailleurs. L'asphyxie était menaçante en cet étroit espace que chaque instant réduisait encore, dans un milieu déjà saturé d'acide carbonique!

Le meilleur outil que pût employer Dick Sand à percer un trou dans la paroi, fut une baguette de fusil, qui était munie à son extrémité d'un tire-bouchon, destiné à débourrer l'arme. En la faisant rapidement tourner, cette vis mordit l'argile comme une tarière, et le trou se creusa peu à peu. Il ne devait donc avoir d'autre diamètre que celui de la baguette, mais cela suffirait. L'air saurait bien fuser au travers.

Hercule, tenant la lanterne élevée, éclairait Dick Sand. On avait quelques bougies de rechange, et il n'était pas à craindre que, de ce chef, la lumière vînt à manquer.

Une minute après le début de l'opération, la baguette s'enfonça librement à travers la paroi. Aussitôt, il se produisit un bruit assez sourd, ressemblant à celui que font des globules d'air en s'échappant à travers une colonne d'eau. L'air fusait au dehors, et, au même moment, le niveau de l'eau monta dans le cône et s'arrêta à la hauteur du trou, ce qui prouvait qu'on l'avait percé trop bas, c'est-à-dire au-dessous de la masse liquide.

« A recommencer ! » dit froidement le jeune novice, après avoir rapidement bouché le trou avec une poignée d'argile.

L'eau était restée de nouveau stationnaire dans le cône, mais l'espace réservé avait diminué de plus de huit pouces. La respiration devenait difficile, car l'oxygène commençait à manquer. On le voyait aussi à la lumière de la lanterne, qui rougissait et perdait une partie de son éclat.

A un pied au-dessus du premier trou, Dick Sand commença aussitôt à en forer un second par le même procédé. Si l'expérience ne réussissait pas, l'eau monterait encore à l'intérieur du cône... mais il fallait courir ce risque.

Pendant que Dick Sand manœuvrait sa tarière, on entendit tout à coup cousin Bénédict s'écrier :

« Eh parbleu ! voilà... voilà... voilà pourquoi ! »

Hercule leva sa lanterne et en dirigea la lumière sur cousin Bénédict, dont la figure exprimait la plus parfaite satisfaction.

« Oui, répéta-t-il, voilà pourquoi ces intelligents termites ont abandonné la fourmilière ! Ils avaient pressenti l'inondation ! Ah ! l'instinct, mes amis, l'instinct ! Plus malins que nous, les termites, beaucoup plus malins ! »

Et ce fut là toute la moralité que le cousin Bénédict tira de la situation.

En ce moment, Dick Sand ramenait la baguette, qui avait traversé la paroi. Un sifflement se produisait. L'eau monta encore d'un pied à l'intérieur du cône... Le trou n'avait pas rencontré l'air libre à l'extérieur !

La situation était épouvantable. Mrs. Weldon, presque atteinte par l'eau, avait levé le petit Jack dans ses bras. Tous étouffaient dans cet étroit espace. Leurs oreilles bourdonnaient. La lanterne ne jetait plus qu'une lueur insuffisante.

« Le cône est-il donc tout entier sous l'eau ? » murmura Dick Sand.

Il fallait le savoir, et pour cela percer un troisième trou au sommet de la calotte même.

Mais c'était l'asphyxie, c'était la mort immédiate, si le résultat de cette dernière tentative était encore infructueux. Ce qui restait d'air au dedans fuserait à travers la nappe supérieure, et l'eau remplirait le cône tout entier !

« Mistress Weldon, dit alors Dick Sand, vous connaissez la situation. Si nous tardons, l'air respirable va nous manquer. Si la troisième tentative échoue, l'eau remplira tout cet espace. La seule chance qui nous reste, c'est que le sommet du cône dépasse le niveau de l'inondation. Il faut tenter cette dernière expérience. Le voulez-vous ?

— Fais, Dick! » répondit Mrs. Weldon.

En ce moment la lanterne s'éteignit dans ce milieu déjà impropre à la combustion. Mrs. Weldon et ses compagnons furent plongés dans la plus complète obscurité.

Dick Sand s'était juché sur les épaules d'Hercule, qui s'était accroché à une des cavités latérales, et dont la tête seule dépassait la couche d'eau. Mrs. Weldon, Jack, cousin Bénédict étaient resserrés dans le dernier étage d'alvéoles.

Dick Sand entama la paroi, et sa baguette s'enfonça rapidement à travers l'argile. En cet endroit, la paroi, plus épaisse, plus dure aussi, fut moins facile à percer. Dick Sand se hâtait, non sans une terrible anxiété, car, par cette étroite ouverture, ou c'était la vie qui allait pénétrer avec l'air, ou avec l'eau, c'était la mort!

Soudain, un sifflement aigu se fit entendre. L'air comprimé s'échappa... mais un rayon de jour filtra à travers la paroi. L'eau monta de huit pouces seulement, et s'arrêta sans que Dick Sand eût besoin de refermer ce trou. L'équilibre était fait entre le niveau du dedans et celui du dehors. Le sommet du cône émergeait. Mrs. Weldon et ses compagnons étaient sauvés!

Aussitôt, après un hurrah frénétique dans lequel domina la tonnante voix d'Hercule, les coutelas se mirent à l'œuvre. La calotte, vivement attaquée, s'émietta peu à peu. Le trou s'élargit, l'air pur entra à flots, et avec lui se glissèrent les premiers rayons du soleil levant. Le cône une fois décalotté, il serait facile de se hisser sur sa paroi, et on aviserait au moyen d'atteindre quelque prochaine hauteur, à l'abri de toute inondation.

Dick Sand monta le premier au sommet du cône...

Un cri lui échappa.

Ce bruit particulier, trop connu des voyageurs africains, que font les flèches en sifflant, passa dans l'air.

Dick Sand avait eu le temps d'apercevoir, à cent pas de la fourmilière, un campement, et à dix pas du cône, sur la plaine inondée, de longues barques chargées d'indigènes.

C'est de l'une de ces barques qu'était partie la nuée de flèches, au moment où la tête du jeune novice se montrait hors du trou.

Dick Sand, d'un mot, avait tout dit à ses compagnons. Saisissant son fusil, suivi d'Hercule, d'Actéon, de Bat, il reparut au sommet du cône, et tous firent feu sur l'une des embarcations.

Plusieurs indigènes tombèrent, et des hurlements, accompagnés de coups de fusils, répondirent à la détonation des armes à feu.

Mais que pouvaient Dick Sand et ses compagnons contre une centaine d'Africains qui les entouraient de toutes parts!

La fourmilière fut assaillie. Mrs. Weldon, son enfant, cousin Bénédict, tous en furent brutalement arrachés, et, sans avoir eu le temps ni de s'adresser la parole, ni de se serrer une dernière fois la main, ils se virent séparés les uns des autres, sans doute en vertu d'ordres préalablement donnés.

Une première barque entraîna Mrs. Weldon, le petit Jack et le cousin Bénédict, et Dick Sand les vit disparaître au milieu du campement.

Quant à lui, accompagné de Nan, du vieux Tom, d'Hercule, de Bat, d'Actéon et d'Austin, il fut jeté dans une seconde pirogue, qui se dirigea vers un autre point de la colline.

Vingt indigènes montaient cette barque, que cinq autres suivaient. Résister n'était pas possible, et cependant Dick Sand et ses compagnons le tentèrent. Quelques soldats de la caravane furent blessés par eux, et certainement ils eussent payé cette résistance de leur vie, s'il n'y avait eu ordre formel de les épargner.

En quelques minutes, le trajet fut fait. Mais, au moment où la barque accostait, Hercule, d'un bond irrésistible, s'élança sur le sol. Deux indigènes se précipitèrent sur lui ; mais le géant fit tournoyer son fusil comme une massue, et les indigènes tombèrent, le crâne fracassé.

Un instant après Hercule disparaissait sous le couvert des arbres, au milieu d'une grêle de balles, au moment où Dick Sand et ses compagnons, après avoir été déposés à terre, étaient enchaînés comme des esclaves !

CHAPITRE VII

UN CAMPEMENT SUR LES BORDS DE LA COANZA.

L'aspect du pays, depuis que l'inondation avait fait un lac de cette plaine où s'élevait le village des termites, était entièrement changé. Une vingtaine de fourmilières émergeaient par leur cône et formaient les seuls points saillants sur cette large cuvette.

C'était la Coanza qui avait débordé pendant la nuit, sous les eaux de ses affluents, grossis par l'orage.

Cette Coanza, un des fleuves de l'Angola, se jette dans l'océan Atlantique, à cent milles du point où s'était échoué le *Pilgrim*. C'est ce fleuve que le lieutenant Cameron devait traverser quelques années plus tard, avant d'atteindre Benguela. La Coanza est destinée à devenir le véhicule du transit intérieur de cette portion de la colonie portugaise. Déjà des steamers remontent son bas cours, et dix ans ne s'écouleront pas sans qu'ils desservent son lit supérieur. Dick Sand avait donc sagement agi en cherchant vers le nord quelque rivière navigable. La rivulette qu'il avait suivie venait se jeter dans la Coanza même. N'eût été cette attaque soudaine, contre laquelle rien n'avait pu le mettre en garde, il l'aurait trouvée un mille plus loin ; ses compagnons et lui se seraient embarqués sur un radeau facile à construire, et ils auraient eu grande chance de descendre la Coanza jusqu'aux bourgades portugaises où les steamers font escale. Là, leur salut eût été assuré.

Il ne devait pas en être ainsi.

Le campement, aperçu par Dick Sand, était établi sur une hauteur voisine de cette fourmilière, dans laquelle la fatalité l'avait jeté comme dans un piége. Au sommet de cette hauteur se dressait un énorme figuier sycomore, qui eût aisément abrité cinq cents hommes sous son immense ramure. Qui n'a pas vu ces arbres géants de l'Afrique centrale ne saurait s'en faire une idée. Leurs branches forment une forêt, et l'on pourrait s'y perdre. Plus loin de gros banians, de ceux dont les graines ne se transforment pas en fruits, complétaient le cadre de ce vaste paysage.

C'était sous l'abri du sycomore que, cachée comme en un mystérieux asile, toute une caravane, — celle dont Harris avait annoncé l'arrivée à Negoro, — venait de faire halte. Ce nombreux convoi d'indigènes, arrachés à leurs villages par les agents du traitant Alvez, se dirigeait vers le marché de Kazonndé. De là, les esclaves, suivant les besoins, seraient envoyés ou dans les baracons du littoral ouest, ou à N'yangwé, vers la région des grands lacs, pour être distribués soit vers la Haute-Égypte, soit vers les factoreries de Zanzibar.

Aussitôt leur arrivée au campement, Dick Sand et ses compagnons avaient été traités en esclaves. Au vieux Tom, à son fils, à Austin, à Actéon, à la pauvre Nan, nègres d'origine, bien qu'ils n'appartinssent pas à la race africaine, on réserva le traitement des captifs indigènes. Après qu'ils eurent été désarmés, malgré la plus vive résistance, ils furent maintenus à la gorge, deux par deux, au moyen d'une perche longue de six à sept pieds, bifurquée à chaque bout et fermée par une tige de fer. De cette façon, ils étaient forcés de marcher en ligne, l'un derrière l'autre, sans pouvoir s'écarter ni à droite, ni à gauche. Par surcroît de précaution, une lourde chaîne les rattachait par la ceinture. Ils avaient donc les bras libres pour porter des fardeaux, les pieds libres pour marcher, mais ils n'au-

6.

raient pu en faire usage pour fuir. C'est ainsi qu'ils allaient franchir des centaines de milles, sous les coups de fouet d'un havildar! Étendus à l'écart, accablés par la réaction qui avait suivi les premiers instants de leur lutte contre les nègres, ils ne faisaient plus un mouvement! Que n'avaient-ils pu suivre Hercule dans sa fuite! Et pourtant, que pouvait-on espérer pour le fugitif? Tout vigoureux qu'il était, que deviendrait-il, dans cette inhospitalière contrée, où la faim, l'isolement, les bêtes fauves, les indigènes, tout était contre lui? N'en viendrait-il pas bientôt à regretter le sort de ses compagnons? Et ceux-ci, cependant, n'avaient aucune pitié à attendre de la part des chefs de la caravane, Arabes ou Portugais, parlant une langue qu'ils ne pouvaient comprendre, et qui n'entraient en communication avec eux que par des regards et des gestes menaçants.

Dick Sand, lui, n'était pas accouplé à quelque autre esclave. C'était un blanc, et on n'avait pas osé sans doute lui infliger le traitement commun. Désarmé, il avait les pieds et les mains libres, mais un havildar le surveillait spécialement. Il observait le campement, et à chaque instant, il s'attendait à voir paraître Negoro ou Harris... Son attente fut trompée. Nul doute pour lui, cependant, que ces deux misérables n'eussent dirigé l'attaque contre la fourmilière.

Aussi la pensée lui était-elle venue que Mrs. Weldon, le petit Jack et le cousin Bénédict avaient été entraînés séparément par les ordres de l'Américain ou du Portugais; ne les voyant ni l'un ni l'autre, il se disait que les deux complices accompagnaient peut-être bien leurs victimes. Où les conduisait-on? Qu'en voulait-on faire? c'était son plus cruel souci. Dick Sand oubliait sa propre situation, pour ne songer qu'à Mrs. Weldon et aux siens.

La caravane, campée sous le gigantesque sycomore, ne comptait pas moins de huit cents personnes, soit cinq cents esclaves des deux sexes, deux cents soldats, porteurs ou maraudeurs, des gardiens, des havildars, des agents ou des chefs.

Ces chefs étaient d'origine arabe et portugaise. On imaginerait difficilement les cruautés que ces êtres inhumains exercent sur leurs captifs. Ils les frappent sans relâche, et ceux d'entre eux qui tombent épuisés, hors d'état d'être vendus, sont achevés à coups de fusil ou de couteau. On les tient ainsi par la terreur; mais le résultat de ce système, c'est qu'à l'arrivée de la caravane, cinquante pour cent des esclaves, manquent au compte du traitant, soit que quelques-uns aient pu s'échapper, soit que les ossements de ceux qui sont morts à la peine jalonnent les longues routes de l'intérieur à la côte.

On le pense bien, les agents d'origine européenne, Portugais pour la plupart, ne sont que des coquins que leur pays a rejetés, des condamnés, des échappés de prison, d'anciens négriers qu'on n'a pu pendre, en un mot le rebut de l'humanité. Tel Negoro, tel Harris, maintenant au service de l'un des plus gros traitants de l'Afrique centrale, José-Antonio Alvez, bien connu des trafiquants de la province, et sur lequel le lieutenant Cameron a donné de curieux renseignements.

Les soldats qui escortent les captifs sont généralement des indigènes à la solde des traitants. Mais ceux-ci n'ont pas le monopole de ces razzias qui leur procurent des esclaves. Les rois nègres se font aussi des guerres atroces et dans le même but; alors les vaincus adultes, les femmes et les enfants, réduits à l'esclavage, sont vendus par les vainqueurs aux traitants pour quelques yards de calicot, de la poudre, des armes à feu, des perles roses ou rouges, et souvent même, dit Livingstone, aux époques de famine, pour quelques grains de maïs.

Les soldats qui escortaient la caravane du vieil Alvez pouvaient donner une juste idée de ce que sont les armées africaines. C'était un ramassis de bandits nègres, à peine vêtus, qui brandissaient de longs fusils à pierre, garnis à leur canon d'un grand nombre d'anneaux de cuivre. Avec une telle escorte, à laquelle se joignent des maraudeurs qui ne valent pas mieux, les agents ont d'ailleurs souvent fort à faire. On discute leurs ordres, on leur impose les lieux et les heures de halte, on menace de les abandonner, et il n'est pas rare qu'ils soient forcés de céder aux exigences de cette soldatesque.

Bien que les esclaves, hommes ou femmes, soient généralement assujettis à porter des fardeaux pendant que la caravane est en marche, on compte encore un certain nombre de « porteurs » qui l'accompagnent. On les appelle plus spécialement des « pagazis », et ils se chargent des ballots d'objets précieux, principalement de l'ivoire. Telle est, quelquefois, la grosseur de ces dents d'éléphants, dont quelques-unes pèsent jusqu'à cent soixante livres, qu'il faut deux de ces pagazis pour les porter aux factoreries, d'où cette précieuse marchandise est expédiée sur les marchés de Khartoum, de Zanzibar et de Natal. A l'arrivée, ces pagazis sont payés au prix convenu, qui consiste en une vingtaine d'yards de cotonnade, ou de cette étoffe qui porte le nom de « mérikani », un peu de poudre, une poignée de cauris [1], quelques perles, ou même ceux des esclaves qui seraient d'une défaite diffi-

---

[1]. Coquilles très-communes dans le pays, et qui servent de monnaie.

cile lorsque le traitant n'a pas d'autre monnaie.

Parmi les cinq cents esclaves que comptait la caravane, on voyait peu d'hommes faits. Cela tient à ce que, la razzia finie et le village incendié, tout indigène au-dessus de quarante ans est impitoyablement massacré et pendu aux arbres des environs. Seuls, les jeunes adultes des deux sexes et les enfants sont destinés à fournir les marchés. A peine survit-il, après ces chasses à l'homme, le dixième des vaincus. Ainsi s'explique l'effroyable dépopulation qui change en déserts de vastes territoires de l'Afrique équinoxiale.

Ici, ces enfants et ces adultes étaient à peine vêtus d'un lambeau de cette étoffe d'écorce que produisent certains arbres, et qui est nommée « mbouzou » dans le pays. Aussi, l'état de ce troupeau d'êtres humains, femmes couvertes de plaies dues au fouet des havildars, enfants hâves, amaigris, les pieds saignants, que les mères essayent de porter en surcroît de leurs fardeaux, jeunes gens étroitement rivés à cette fourche plus torturante que la chaîne du bagne, est-il ce qu'on peut imaginer de plus lamentable. Oui, la vue de ces malheureux, à peine vivants, dont la voix n'avait plus de timbre, « squelettes d'ébène », suivant l'expression de Livingstone, eût touché des cœurs de bêtes fauves; mais tant de misères laissaient insensibles ces Arabes endurcis et ces Portugais qui, à en croire le lieutenant Cameron, sont plus cruels encore [1].

Il va sans dire que, pendant les marches comme pendant les haltes, les prisonniers étaient très-sévèrement gardés. Aussi, Dick Sand comprit-il bientôt qu'il ne fallait pas même tenter de s'enfuir. Mais alors, comment retrouver Mrs. Weldon? Que son enfant et elle eussent été enlevés par Negoro, ce n'était que trop certain. Le Portugais avait tenu à la séparer de ses compagnons pour des raisons qui échappaient encore au jeune novice; mais il ne pouvait douter de l'intervention de Negoro, et son cœur se brisait à la pensée des dangers de toutes sortes qui menaçaient Mrs. Weldon.

---

1. Voici ce que dit Cameron : « Pour obtenir les cinquante femmes dont Alvez se disait propriétaire, dix villages avaient été détruits, dix villages ayant chacun de cent à deux cents âmes : un total de quinze cents habitants; quelques-uns avaient pu s'échapper; mais la plupart — presque tous — avaient péri dans les flammes, avaient été tués en défendant leurs familles, ou étaient morts de faim dans la jungle, à moins que les bêtes de proie n'eussent terminé plus promptement leurs souffrances.

... « Ces crimes, perpétrés au centre de l'Afrique par des hommes qui se targuent du nom de chrétiens et se qualifient de Portugais, sembleraient incroyables aux habitants des pays civilisés. Il est impossible que le gouvernement de Lisbonne connaisse les atrocités commises par des gens qui portent son drapeau et qui se vantent d'être ses sujets. »

(*Tour du Monde*. Trad. H. Loreau.)

N. B. Il y a eu en Portugal des protestations très-vives contre ces assertions de Cameron.

« Ah ! se disait-il, quand je songe que j'ai tenu ces deux misérables, l'un et l'autre, au bout de mon fusil, et que je ne les ai pas tués !... »

Cette pensée était de celles qui revenaient le plus obstinément à l'esprit de Dick Sand. Que de malheurs la mort, la juste mort d'Harris et de Negoro eût évités ! que de misères en moins pour ceux que ces courtiers de chair humaine traitaient maintenant en esclaves !

Toute l'horreur de la situation de Mrs. Weldon, du petit Jack, se présentait aussitôt à Dick Sand. Ni la mère, ni l'enfant ne pouvaient compter sur cousin Bénédict. Le pauvre homme devait à peine se suffire ! Sans doute, on les entraînait tous trois vers quelque district reculé de la province d'Angola. Mais qui portait l'enfant encore malade ?

« Sa mère, oui ! sa mère ! se répétait Dick Sand. Elle aura retrouvé des forces pour lui ! Elle aura fait ce que font ces malheureuses esclaves ; et elle tombera comme elles ! Ah ! que Dieu me remette en face de ses bourreaux, et je... »

Mais il était prisonnier ! Il comptait pour une tête dans ce bétail que les havildars poussaient vers l'intérieur de l'Afrique ! Il ne savait même pas si Negoro et Harris dirigeaient eux-mêmes le convoi dont faisaient partie leurs victimes ! Dingo n'était plus là pour dépister le Portugais, pour signaler son approche.

Hercule seul pourrait venir en aide à l'infortunée Mrs. Weldon. Mais ce miracle était-il à espérer?

Dick Sand se raccrochait cependant à cette idée. Il se disait que le vigoureux noir était libre. De son dévouement, il n'y avait pas à douter! Tout ce qu'il serait humainement possible de faire, Hercule le ferait dans l'intérêt de Mrs. Weldon. Oui! ou bien Hercule tenterait de retrouver leurs traces et de se mettre en communication avec eux, ou, si cette piste lui manquait, il essayerait de se concerter avec lui, Dick Sand, et peut-être de l'enlever, de le délivrer par un coup de force! Pendant les haltes de nuit, se confondant avec ces prisonniers, noir comme eux, ne pourrait-il tromper la vigilance des soldats, parvenir jusqu'à lui, briser ses liens, l'entraîner dans la forêt, et tous deux, libres alors, que ne feraient-ils pas pour le salut de Mrs. Weldon! Un cours d'eau leur permettrait de descendre jusqu'au littoral, et Dick Sand reprendrait, avec de nouvelles chances de succès et une plus grande connaissance des difficultés, ce plan si malheureusement empêché par l'attaque des indigènes!

Le jeune novice se laissait aller ainsi à des alternatives de craintes et d'espoir. En somme, il résistait à l'abattement, grâce à son énergique nature, et se tenait prêt à profiter de la moindre chance qui lui serait offerte.

Ce qu'il importait de savoir, avant tout, c'était vers quel marché les agents dirigeaient le convoi d'esclaves. Était-ce vers une des factoreries de l'Angola et serait-ce l'affaire de quelques étapes seulement, ou ce convoi cheminerait-il pendant des centaines de milles encore à travers l'Afrique centrale? Le principal marché des traitants, c'est celui de N'yangwé, dans le Manyema, sur ce méridien qui divise le continent africain en deux parties presque égales, là où s'étend le pays des grands lacs que Livingstone parcourait alors. Mais il y avait loin du campement de la Coanza à cette bourgade; des mois de voyage ne suffiraient pas à l'atteindre.

C'était là une des plus sérieuses préoccupations de Dick Sand, car, une fois à N'yangwé, au cas même où Mrs. Weldon, Hercule, les autres noirs et lui seraient parvenus à s'échapper, combien eût été difficile, pour ne pas dire impossible, le retour au littoral, au milieu des dangers d'une si longue route!

Mais Dick Sand eut bientôt raison de penser que le convoi ne tarderait pas à arriver à destination. Bien qu'il ne comprît pas le langage qu'employaient les chefs de la caravane, c'est-à-dire tantôt l'arabe, tantôt l'idiome africain, il remarqua que le nom d'un important marché de cette région était souvent prononcé. C'était le nom de Kazonndé, et il n'ignorait pas qu'il se faisait là un très-grand commerce d'esclaves. Il fut donc naturellement conduit à croire que là se déciderait le sort des prisonniers, soit au profit du roi de ce district, soit pour le compte de quelque riche traitant du pays. On sait qu'il ne se trompait pas.

Or, Dick Sand, au courant des faits de la géographie moderne, connaissait assez exactement ce que l'on savait de Kazonndé. La distance de Saint-Paul de Loanda à cette ville ne dépasse pas quatre cents milles, et, par conséquent, deux cent cinquante milles au plus la séparent du campement établi sur le cours de la Coanza. Dick Sand établissait approximativement son calcul, en prenant pour base le parcours fait par la petite troupe sous la conduite d'Harris. Or, dans des circonstances ordinaires, ce trajet ne demandait que dix à douze jours. En doublant ce temps pour les besoins d'une caravane déjà épuisée par une longue route, Dick Sand pouvait estimer à trois semaines la durée du trajet de la Coanza à Kazonndé. Ce qu'il croyait savoir, Dick Sand aurait bien voulu en faire part à Tom et à ses compagnons. Être assurés qu'on ne les entraînait pas au centre de l'Afrique, dans ces funestes contrées dont on ne peut plus espérer sortir, c'eût été une sorte de consolation pour eux. Or, il suffisait de quelques mots jetés en passant pour les instruire de ce qu'ils ignoraient. Ces mots, parviendrait-il à les leur dire?

Tom et Bat, — un hasard avait réuni le père et le fils, — Actéon et Austin, enfourchés deux à deux, se trouvaient à l'extrémité droite du campement. Un havildar et une douzaine de soldats les surveillaient.

Dick Sand, libre de ses mouvements, résolut de diminuer peu à peu la distance qui le séparait du groupe que ses compagnons formaient à cinquante pas de lui. Il commença donc à manœuvrer dans ce but.

Très-probablement, le vieux Tom devina la pensée de Dick Sand. Un mot, prononcé à voix basse, prévint ses compagnons d'être attentifs. Ils ne bougèrent pas, mais ils se tinrent prêts à voir comme à entendre.

Bientôt, Dick Sand eut gagné d'un air indifférent une cinquantaine de pas encore. De l'endroit où il se trouvait alors, il aurait pu crier, de façon à être entendu de Tom, ce nom de Kazonndé et lui dire quelle serait la durée probable du trajet. Mais compléter ses renseignements et s'entendre avec eux sur la conduite à tenir pendant le voyage, eût mieux valu encore. Il continua donc de se rapprocher d'eux. Déjà son cœur battait d'espérance; il n'était plus qu'à quelques pas du but désiré, lorsque l'havildar, comme s'il eût pénétré tout à coup son intention, se précipita sur lui. Aux cris de ce forcené, dix soldats accoururent, et Dick Sand fut brutalement ramené en arrière, pendant que Tom et les siens étaient entraînés à l'autre extrémité du campement.

Dick Sand exaspéré s'était jeté sur l'havildar ; il était parvenu à briser dans ses mains son fusil qu'il avait presque réussi à lui arracher ; mais sept ou huit soldats l'assaillirent à la fois, et force lui fut de lâcher prise. Furieux, ils l'eussent massacré, si un des chefs de la caravane, un Arabe de grande taille, à physionomie farouche, ne fût intervenu. Cet Arabe était le chef Ibn Hamis dont Harris avait parlé. Il prononça quelques mots que Dick Sand ne put comprendre, et les soldats, obligés de lâcher leur proie, s'éloignèrent.

Il était donc bien évident, d'une part, qu'il y avait défense formelle de laisser le jeune novice communiquer avec ses compagnons, et, de l'autre, qu'on avait recommandé qu'il ne fût pas attenté à sa vie. Qui pouvait avoir donné de tels ordres, si ce n'était Harris ou Negoro?

En ce moment, — il était neuf heures du matin, 19 avril, — les sons rauques d'une corne de « coudou »[1] éclataient, et le tambour se fit entendre. La halte allait prendre fin.

Tous, chefs, soldats, porteurs, esclaves, furent

---

1. Sorte de ruminant de la faune africaine.

aussitôt sur pied. Les ballots chargés, plusieurs groupes de captifs se formèrent sous la conduite d'un havildar qui déploya une bannière à couleurs vives.

Le signal du départ fut donné.

Des chants s'élevèrent alors dans l'air, mais c'étaient les vaincus, non les vainqueurs, qui chantaient ainsi.

Et voici ce qu'ils disaient dans ces chants, menace empreinte d'une foi naïve des esclaves contre leurs oppresseurs, contre leurs bourreaux :

« Vous m'avez renvoyé à la côte, mais, quand je serai mort, je n'aurai plus de joug, et je reviendrai vous tuer ! »

CHAPITRE VIII

QUELQUES NOTES DE DICK SAND.

Bien que l'orage de la veille eût cessé, le temps était profondément troublé encore. C'était, d'ailleurs, l'époque de la « masika », deuxième période de la saison des pluies sous cette zone du ciel africain. Les nuits surtout allaient être pluvieuses pendant une, deux ou trois semaines, ce qui ne pouvait qu'accroître les misères de la caravane.

Elle partit ce jour-là par un temps couvert, et, après avoir quitté les rives de la Coanza, s'enfonça presque directement vers l'est.

Une cinquantaine de soldats marchaient en tête, une centaine sur chacun des deux flancs du convoi, le reste à l'arrière-garde. Il eût été difficile aux prisonniers de s'enfuir, même s'ils n'avaient pas été enchaînés. Femmes, enfants, hommes, allaient pêle-mêle, et les havildars pressaient leurs pas à coups de fouet. Il y avait de malheureuses mères qui, nourrissant un enfant, en portaient un second de la main qui leur restait libre. D'autres traînaient ces petits êtres sans vêtements, sans chaussures, sur les herbes acérées du sol.

Le chef de la caravane, ce farouche Ibn Hamis qui était intervenu dans la lutte entre Dick Sand et son havildar, surveillait tout ce troupeau, allant et venant de la tête à la queue de la longue colonne. Si ses agents et lui se préoccupaient peu des misères de leurs captifs, il leur fallait compter plus sérieusement, soit avec les soldats qui réclamaient quelque supplément de ration, soit avec les pagazis qui voulaient faire halte. De là des discussions, souvent même des échanges de brutalités. Les esclaves portaient encore la peine de l'irritation constante des havildars. On n'entendait que des menaces d'un côté, des cris de douleur de l'autre, et ceux qui marchaient aux derniers rangs foulaient un sol que les premiers avaient taché de leur sang.

Les compagnons de Dick Sand, toujours tenus avec soin en avant du convoi, ne pouvaient avoir aucune communication avec lui. Ils s'avançaient en file, le cou pris dans cette lourde fourche, qui ne leur permettait pas un seul mouvement de tête. Les fouets ne les épargnaient pas plus que leurs tristes compagnons d'infortune!

Bat, accouplé avec son père, marchait devant lui, s'ingéniant à ne donner aucune secousse à la fourche, choisissant les meilleurs endroits où mettre le pied, puisque le vieux Tom devait y passer après lui. De temps en temps, lorsque l'havildar était resté un peu en arrière, il faisait entendre quelque parole d'encouragement dont quelques-unes arrivaient à Tom. Il essayait même de ralentir sa marche, s'il sentait que Tom se fatiguait. C'était un supplice pour ce bon fils de ne pouvoir retourner la tête vers son bon père qu'il chérissait. Tom avait sans doute la satisfaction de voir son fils, cependant il la payait bien cher. Que de fois de grosses larmes coulèrent de ses yeux, lorsque le fouet de l'havildar s'abattait sur Bat! C'était un pire supplice que s'il fût tombé sur sa propre chair.

Austin et Actéon marchaient quelques pas en arrière, liés l'un à l'autre, et brutalisés à tout instant. Ah! qu'ils enviaient le sort d'Hercule! Quels que fussent les dangers qui menaçaient celui-ci dans ce pays sauvage, il pouvait du moins user de sa force et défendre sa vie.

Pendant les premiers moments de leur captivité, le vieux Tom avait enfin fait connaître à ses compagnons la vérité tout entière. Ils avaient appris de lui, à leur profond étonnement, qu'ils étaient en Afrique, que la double trahison de Negoro et d'Harris les y avait d'abord jetés, puis entraînés, et qu'aucune pitié n'était à espérer de la part de leurs maîtres.

Nan n'était pas mieux traitée. Elle faisait partie d'un groupe de femmes qui occupait le milieu du convoi. On l'avait enchaînée avec une jeune mère de deux enfants, l'un à la mamelle, l'autre âgé de trois ans et qui marchait à peine. Nan, émue de pitié, s'était chargée de ce petit être, et la pauvre esclave l'en avait remerciée par une larme. Nan portait donc l'enfant, lui épargnant, en même temps que la fatigue à laquelle il aurait succombé, les coups que ne lui eût pas ménagés l'havildar. Mais c'était un pesant fardeau pour la vieille Nan; elle craignait que ses forces ne la trahissent bientôt, et elle songeait alors au petit Jack! Elle se le représentait dans les bras de sa mère! La maladie l'avait bien amaigri, mais il devait être lourd encore pour les bras affaiblis de Mrs. Weldon! Où était-elle? Que devenait-elle? Sa vieille servante la reverrait-elle jamais?

Dick Sand avait été placé presque à l'arrière du convoi. Il ne pouvait apercevoir ni Tom, ni ses compagnons, ni Nan. La tête de la longue caravane n'était visible pour lui que lorsqu'elle traversait quelque plaine. Il marchait, livré aux plus tristes pensées, auxquelles les cris des agents l'arrachaient à peine. Il ne pensait ni à lui-même, ni aux fatigues qu'il lui faudrait supporter encore, ni aux tortures que Negoro lui réservait peut-être ! Il ne songeait qu'à Mrs. Weldon. Il cherchait en vain sur le sol, aux épines des sentiers, aux basses branches des arbres, s'il ne trouverait pas quelque trace de son passage. Elle n'avait pu prendre un autre chemin, si, comme tout portait à le croire, on l'entraînait à Kazonndé. Que n'eût-il pas donné pour retrouver quelque indice de sa marche vers le but où on les conduisait eux-mêmes !

Telle était la situation de corps et d'esprit du jeune novice et de ses compagnons. Mais, quelque sujet qu'ils eussent de craindre pour eux-mêmes, si grandes que fussent leurs propres souffrances, la pitié l'emportait en eux, à voir l'effroyable misère de ce triste troupeau de captifs et la révoltante brutalité de leurs maîtres. Hélas ! ils ne pouvaient rien pour secourir les uns, rien pour résister aux autres !

Tout le pays situé dans l'est de la Coanza n'était qu'une forêt sur un parcours d'une vingtaine de milles. Les arbres, cependant, soit qu'ils dépérissent sous la morsure des nombreux insectes de ces contrées, soit que les troupes d'éléphants les abattent lorsqu'ils sont jeunes encore, y étaient moins pressés que dans la contrée voisine du littoral. La marche sous bois ne devait donc pas être entravée, et les arbustes eussent été plus gênants que les arbres. Il y avait en effet abondance de ces cotonniers, hauts de sept à huit pieds, dont le coton sert à fabriquer les étoffes rayées de noir et de blanc en usage dans l'intérieur de la province.

En de certains endroits, le sol se transformait en épais jungles dans lesquels le convoi disparaissait. De tous les animaux de la contrée, seuls les éléphants et les girafes eussent dominé de la tête ces roseaux qui ressemblent à des bambous, ces herbes dont la tige mesure un pouce de diamètre. Il fallait que les agents connussent merveilleusement le pays pour ne pas s'y perdre.

Chaque jour, la caravane partait dès l'aube et ne faisait halte qu'à midi, pendant une heure. On ouvrait alors quelques ballots contenant du manioc, et cet aliment était parcimonieusement distribué aux esclaves. On y joignait des patates, ou de la viande de chèvre et de veau, lorsque les soldats avaient pillé en passant quelque village. Mais la fatigue avait été telle, le repos si insuffisant, si impossible même pendant ces nuits pluvieuses, que, l'heure de la distribution des vivres arrivée, les prisonniers pouvaient à peine manger. Aussi, huit jours après le départ de la Coanza, une vingtaine étaient-ils encore tombés sur la route, à la merci des fauves, qui rôdaient en arrière du convoi. Lions, panthères et léopards attendaient les victimes qui ne pouvaient leur manquer, et, chaque soir, après le coucher du soleil, leurs rugissements éclataient à si courte distance, qu'on pouvait craindre une attaque directe.

En entendant ces rugissements, que l'ombre rend plus formidables encore, Dick Sand ne pensait pas sans terreur aux obstacles que de pareilles rencontres pouvaient élever contre les entreprises d'Hercule, aux périls qui menaceraient chacun de ses pas. Et cependant, s'il eût trouvé l'occasion de fuir, lui aussi, il n'aurait pas hésité.

Du reste, voici les notes que Dick Sand prit pendant cet itinéraire de la Coanza à Kazonndé. Vingt-cinq « marches » furent employées à faire ce trajet de deux cent cinquante milles, la « marche » dans le langage des traitants étant de dix milles avec halte de jour et de nuit.

— *Du 25 au 27 avril.* — Vu un village entouré de murs de roseaux hauts de huit à neuf pieds. Champs cultivés en maïs, fèves, sorgho et diverses arachides. Deux noirs saisis et faits prisonniers. Quinze tués. Population en fuite.

Le lendemain, traversé une rivière tumultueuse, large de cent cinquante yards. Pont flottant formé de troncs d'arbres rattachés avec des lianes. Pilotis à demi rompus. Deux femmes, liées à la même fourche, précipitées dans les eaux. L'une portant son petit enfant. Les eaux s'agitent et se teignent de sang. Les crocodiles se glissent entre les branchages du pont. On risque de mettre le pied dans des gueules ouvertes...

— 28 *avril*. — Traversé une forêt de bauhinias. Arbres de haute futaie, de ceux qui fournissent le bois de fer aux Portugais.

Forte pluie. Terrain détrempé. Marche extrêmement pénible.

Aperçu, vers le centre du convoi, la pauvre Nan, portant un petit négrillon dans ses bras. Elle se traîne difficilement. L'esclave enchaînée avec elle boite, et le sang coule de son épaule déchirée à coups de fouet.

Campé le soir sous un énorme baobab à fleurs blanches et d'un feuillage vert tendre.

Pendant la nuit, rugissements de lions et de léopards. Coup de feu tiré par un des indigènes sur une panthère. Que devient Hercule ?...

— 29 *et* 30 *avril*. — Premiers froids de ce qu'on appelle l'hiver africain. Rosée très-abondante. Fin de la saison pluvieuse avec le mois d'avril, laquelle commence avec le mois de novembre. Plaines largement inondées encore. Vents d'est, qui suspendent la transpiration et rendent plus sensibles aux fièvres des marécages.

Aucune trace de Mrs. Weldon, ni de monsieur Bénédict. Où les conduirait-on, si ce n'est à Kazonndé? Ils ont dû suivre le chemin de la caravane et nous précéder. Je suis dévoré d'inquiétudes. Le petit Jack a dû être repris de la fièvre dans cette région insalubre. Mais vit-il encore?...

— *Du 1ᵉʳ mai au 6 mai.* — Traversé pendant plusieurs étapes de longues plaines que l'évaporation n'a pu dessécher. De l'eau parfois jusqu'à la ceinture. Myriades de sangsues adhérant à la peau. Il faut marcher quand même. Sur quelques hauteurs qui émergent, des lotus, des papyrus. Au fond, sous les eaux, d'autres plantes, à grandes feuilles de chou, sur lesquelles le pied bute, ce qui occasionne des chutes nombreuses.

Dans ces eaux, quantités considérables de petits poissons de l'espèce des silures, que les indigènes retiennent par milliards dans des clayonnages, et qui sont vendus aux caravanes.

Impossible de trouver un lieu de campement pour la nuit. On ne voit pas de limite à la plaine inondée. Il faut marcher dans les ténèbres. Demain, bien des esclaves manqueront au convoi! Que de misères!

Lorsque l'on tombe, pourquoi se relever! Quelques instants de plus sous ces eaux, et tout serait fini! Le bâton de l'havildar ne vous atteindrait pas dans l'ombre!

Oui! mais Mrs. Weldon et son fils! Je n'ai pas le droit de les abandonner! Je résisterai jusqu'au bout! C'est mon devoir!

Cris épouvantables qui se font entendre dans la nuit!

Une vingtaine de soldats ont arraché quelques branches à des arbres résineux dont la ramure émergeait. Lueurs livides dans les ténèbres.

Voici la cause des cris que j'ai entendus! Une attaque de crocodiles. Douze ou quinze de ces monstres se sont jetés dans l'ombre sur le flanc de la caravane. Des femmes, des enfants ont été saisis et entraînés par les crocodiles jusqu'à leurs « terrains de pâture ». C'est ainsi que Livingstone appelle ces trous profonds où cet amphibie va déposer sa proie, après l'avoir noyée, car il ne la mange que lorsqu'elle est arrivée à un certain degré de décomposition.

J'ai été rudement frôlé par les écailles de l'un de ces crocodiles. Un esclave adulte a été saisi près de moi et arraché de la fourche qui le tenait par le cou. La fourche a été brisée. Quel cri de désespoir, quel hurlement de douleur! Je l'entends encore!

— *7 et 8 mai.* — Le lendemain, on compte les victimes. Vingt esclaves ont disparu.

Au jour levant, j'ai cherché Tom et ses compagnons! Dieu soit loué! Ils sont vivants! Hélas! faut-il en louer Dieu? N'est-on pas plus heureux d'en avoir fini avec toutes ces misères!

Tom est en tête du convoi. A un moment où son fils Bat a fait un crochet, la fourche s'est présentée obliquement et Tom a pu m'apercevoir.

Je cherche vainement la vieille Nan! Est-elle confondue dans le groupe central, ou a-t-elle péri pendant cette nuit épouvantable?

Le lendemain, dépassé la limite de la plaine inondée, après vingt-quatre heures dans l'eau. On fait halte sur une colline. Le soleil nous sèche un peu. On mange, mais quelle misérable nourriture! Un peu de manioc, quelques poignées de maïs! Rien que l'eau trouble à boire! Des prisonniers étendus sur le sol, combien ne se relèveront pas!

Non! il n'est pas possible que Mrs. Weldon et son enfant aient passé par tant de misères! Dieu leur aura fait la grâce d'avoir été conduits par un autre chemin à Kazonndé! La malheureuse mère n'aurait pu résister!...

Nouveaux cas de petite vérole dans la caravane, la « ndoué », comme ils disent! Les malades ne pourront aller loin. Les abandonnera-t on?

— *9 mai*. — On s'est remis en marche dès l'aube.

Pas de retardataires. Le fouet de l'havildar a vivement relevé ceux que la fatigue ou la maladie accablait! Ces esclaves ont une valeur. C'est une monnaie. Les agents ne les laisseront pas en arrière, tant qu'il leur restera la force de marcher.

Je suis environné de squelettes vivants. Ils n'ont plus assez de voix pour se plaindre.

J'ai enfin aperçu la vieille Nan! Elle fait mal à voir! L'enfant qu'elle portait n'est plus entre ses bras! Elle est seule d'ailleurs! Ce sera moins pénible pour elle, mais la chaîne est encore à sa ceinture, et elle a dû en rejeter le bout pardessus son épaule.

En me hâtant, j'ai pu m'approcher d'elle. On aurait dit qu'elle ne me reconnaissait pas! Suis-je donc changé à ce point?

« Nan! » ai-je dit.

La vieille servante m'a regardé longtemps, et enfin:

« Vous, monsieur Dick! Moi... moi!... avant peu, je serai morte!

— Non, non! du courage! ai-je répondu, pendant que mes yeux se baissaient pour ne pas voir ce qui n'était plus que le spectre exsangue de l'infortunée!

— Morte, reprit-elle, et je ne reverrai plus ma chère maîtresse, ni mon petit Jack! Mon Dieu! mon Dieu, ayez pitié de moi! »

J'ai voulu soutenir la vieille Nan, dont tout le corps

tremblait sous ses vêtements déchirés. C'eût été une grâce de me voir lié à elle, et de porter ma part de cette chaîne dont elle avait tout le poids depuis la mort de sa compagne!

Un bras vigoureux me repousse, et la malheureuse Nan, enveloppée d'un coup de fouet, est rejetée dans la foule des esclaves. J'ai voulu me précipiter sur ce brutal... Le chef arabe est apparu, m'a saisi le bras et m'a maintenu jusqu'au moment où je me suis retrouvé au dernier rang de la caravane.

Puis, à son tour, il a prononcé le nom :

« Negoro! »

Negoro! C'est donc par l'ordre du Portugais qu'il agit et me traite autrement que mes compagnons d'infortune?

A quel sort suis-je réservé?

— 10 *mai*. — Passé aujourd'hui près de deux villages en flammes. Les chaumes brûlent de toutes parts. Des cadavres sont pendus aux arbres que l'incendie a respectés. Population en fuite. Champs dévastés. La razzia s'est exercée là. Deux cents meurtres, peut-être, pour obtenir une douzaine d'esclaves.

Le soir est arrivé. Halte de nuit. Campement établi sous de grands arbres. Hautes herbes qui forment buisson sur la lisière de la forêt.

Quelques prisonniers se sont enfuis la veille, après

avoir brisé leur fourche. Ils ont été repris et traités avec une cruauté sans exemple. La surveillance des soldats et des havildars redouble.

La nuit est venue. Rugissement des lions et des hyènes. Ronflements lointains des hippopotames. Quelque lac ou cours d'eau voisin sans doute.

Malgré ma fatigue, je ne puis dormir! Je songe à tant de choses!

Puis, il me semble que j'entends rôder dans les hautes herbes. Quelque fauve peut-être. Oserait-il forcer l'entrée du campement?

J'écoute. Rien! Si! un animal passe entre les roseaux. Je suis sans armes! Je me défendrai pourtant! J'appellerai! Ma vie peut être utile à Mrs. Weldon, à mes compagnons!

Je regarde à travers les profondes ténèbres. Il n'y a pas de lune. La nuit est extrêmement noire.

Voici deux yeux qui reluisent dans l'ombre, entre les papyrus, des yeux de hyène ou de léopard! Ils disparaissent... reparaissent...

Enfin, un bruissement d'herbes se produit. Un animal bondit sur moi!...

Je vais pousser un cri, donner l'éveil...

Heureusement, j'ai pu me retenir!...

Je ne puis en croire mes yeux!... C'est Dingo... Dingo qui est près de moi!... Brave Dingo!..

Comment m'est-il rendu ? Comment a-t-il pu me retrouver ? Ah ! l'instinct !... L'instinct suffirait-il à expliquer de tels miracles de fidélité ? Il me lèche les mains. Ah ! bon chien, maintenant mon seul ami ! Ils ne t'avaient donc pas tué !...

Je lui rends ses caresses. Il me comprend ! Il voudrait aboyer...

Je le calme ! Il ne faut pas qu'on l'entende ! Qu'il suive ainsi la caravane, sans être aperçu, et peut-être !... Mais quoi ! il frotte obstinément son cou contre mes mains. Il a l'air de me dire : « Cherche donc !... » Je cherche, et je sens quelque chose là, attaché à son cou... un bout de roseau passe dans ce collier où sont gravées ces deux lettres S. V. dont le mystère est encore inexplicable pour nous.

Oui... j'ai détaché le roseau... Je l'ai brisé ! Il y a un billet dedans...

Mais, ce billet !... je ne puis le lire ! Il faut attendre le jour !... le jour... Je voudrais retenir Dingo, mais le bon animal, tout en me léchant les mains, semble avoir hâte de me quitter !... Il a compris que sa mission était remplie !... D'un bond de côté, il disparaît sans bruit entre les herbes ! Dieu lui épargne la dent des lions ou des hyènes !

Dingo est certainement retourné vers celui qui me l'a envoyé !

Ce billet, que je ne puis lire encore, me brûle les mains! Qui l'a écrit? Viendrait-il de Mrs. Weldon? Vient-il d'Hercule? Comment le fidèle animal que nous croyions mort a-t-il rencontré l'un ou l'autre? Que va me dire ce billet? Est-ce un plan d'évasion qu'il m'apporte, ou me donne-t-il seulement des nouvelles de ceux qui me sont chers! Quoi qu'il en soit, cet incident m'a vivement ému, et a fait trêve à mes misères.

Ah! que le jour est long à venir!

Je guette la moindre lueur à l'horizon. Je ne puis fermer l'œil. J'entends encore les rugissements des fauves! Mon pauvre Dingo, puisses-tu leur avoir échappé!

Enfin, le jour va paraître, et presque sans aube, sous ces latitudes tropicales. Je m'arrange pour ne pouvoir être aperçu!...

J'essaye de lire!... Je ne le puis encore.

Enfin, j'ai lu! Le billet est de la main d'Hercule!

Il est écrit sur un bout de papier, au crayon...

Voici ce qu'il dit:

« Mistress Weldon emportée avec petit Jack dans
« une kitanda. Harris et Negoro l'accompagnent. Ils
« précèdent la caravane de trois à quatre marches avec
« cousin Bénédict. Je n'ai pu communiquer avec elle.
« J'ai recueilli Dingo qui a dû avoir été blessé d'un

« coup de feu... mais guéri. Bon espoir, monsieur
« Dick. Je ne pense qu'à vous tous, et j'ai fui pour vous
« être plus utile.

« HERCULE. »

Ah! mistress Weldon et son fils sont vivants! Dieu soit loué! ils n'ont pas à souffrir comme nous des fatigues de ces rudes étapes! Une kitanda, c'est une sorte de litière d'herbe sèche suspendue à un long bambou que deux hommes portent sur l'épaule. Un rideau d'étoffe la recouvre. Mistress Wildon et son petit Jack sont dans cette kitanda. Qu'en veulent faire Harris et Negoro? Ces misérables les dirigent sur Kazonndé évidemment, oui!... oui!... Je les retrouverai! Ah! au milieu de toutes ces misères, c'est une bonne nouvelle, c'est une joie que Dingo m'a apportée là!

— *Du 11 au 15 mai*. — La caravane continue sa marche. Les prisonniers se traînent de plus en plus péniblement. La plupart laissent sous leurs pas des marques de sang. Je calcule qu'il faut encore dix jours pour atteindre Kazonndé. Combien auront cessé de souffrir d'ici là! Mais moi, il faut que j'y arrive, j'y arriverai!

C'est atroce! Il y a dans le convoi de ces malheureuses dont le corps n'est plus qu'une plaie! Les cordes qui les attachent entrent dans leur chair!...

Depuis hier, une mère porte dans ses bras son petit enfant mort de faim!... elle ne veut pas s'en séparer!...

Notre route se jonche de cadavres. La petite vérole sévit avec une nouvelle violence.

Nous venons de passer près d'un arbre... A cet arbre, des esclaves étaient attachés par le cou. On les y avait laissés mourir de faim.

— *Du 16 au 24 mai.* — Je suis presque à bout de forces, mais je n'ai pas le droit de faiblir. Les pluies ont complétement cessé. Nous avons des journées de « marche dure ». C'est ce que les traitants appellent la « tirikesa » ou marche de l'après-midi. Il faut aller plus vite, et le sol s'élève en pentes assez rudes.

On passe à travers de hautes herbes très-résistantes. C'est le « nyassi », dont la tige m'écorche la figure, dont les graines piquantes se glissent jusqu'à ma peau, sous mes vêtements délabrés. Mes fortes chaussures ont heureusement tenu bon!

Les agents commencent à abandonner les esclaves trop malades pour suivre. D'ailleurs, les vivres menacent de manquer. Soldats et pagazis se révolteraient si leur ration était diminuée. On n'ose pas leur rien retrancher, et alors tant pis pour les captifs!

« Qu'ils se mangent entre eux! » a dit le chef.

Il suit de là que des esclaves, jeunes, encore vigoureux, meurent sans apparence de maladie. Je me souviens de ce que le docteur Livingstone a dit à ce sujet : « Ces infortunés se plaignent du cœur ; ils posent leurs mains dessus et ils tombent. C'est positivement le cœur qui se brise ! Cela est particulier aux hommes libres, réduits en esclavage, sans que rien les y ait préparés ! »

Aujourd'hui, vingt captifs qui ne pouvaient plus se traîner ont été massacrés à coups de hache par les havildars ! Le chef arabe ne s'est point opposé à ce massacre.

La scène a été épouvantable !

La pauvre vieille Nan est tombée sous le couteau dans cette horrible boucherie... Je heurte son cadavre en passant ! Je ne puis même lui donner une sépulture chrétienne !...

C'est la première des survivants du *Pilgrim* que Dieu a rappelée à lui ! Pauvre être bon ! Pauvre Nan !

Toutes les nuits, je guette Dingo. Il ne revient plus ! Lui serait-il arrivé malheur, ou à Hercule ? Non... non !... Je ne veux pas le croire !... Ce silence qui me paraît si long ne prouve qu'une chose, c'est qu'Hercule n'a encore rien de nouveau à m'apprendre ! Il faut, d'ailleurs, qu'il soit prudent et se tienne bien sur ses gardes...

8

CHAPITRE IX

KAZONNDÉ

Le 26 mai, la caravane d'esclaves arrivait à Kazonndé. Cinquante pour cent des prisonniers faits dans cette dernière razzia étaient tombés sur la route. Cependant, l'affaire était encore bonne pour les traitants; les demandes affluaient, et le prix des esclaves allait monter sur les marchés de l'Afrique.

L'Angola faisait à cette époque un grand commerce de noirs. Les autorités portugaises de Saint-Paul de Loanda ou de Benguela n'auraient pu que difficilement l'entraver, car les convois se dirigeaient vers l'intérieur du continent africain. Les baracons du littoral regorgeaient de prisonniers; les quelques négriers qui parvenaient à passer entre les croisières de la côte, ne suffisaient pas à les embarquer pour les colonies espagnoles de l'Amérique.

Kazonndé, située à trois cents milles de l'embouchure de la Coanza, est l'un des principaux « lakonis », l'un des plus importants marchés de cette province. Sur sa grande place, la « tchitoka », se traitent les affaires ; là, les esclaves sont exposés et vendus. C'est de ce point que les caravanes rayonnent vers la région des grands lacs.

Kazonndé, comme toutes les grandes villes de l'Afrique centrale, se divise en deux parties distinctes : l'une est le quartier des négociants arabes, portugais ou indigènes, et elle contient leurs baracons ; l'autre est la résidence du roi nègre, quelque féroce ivrogne couronné, qui règne par la terreur et vit des subventions en nature que les traitants ne lui épargnent pas.

A Kazonndé, le quartier commerçant appartenait alors à ce José-Antonio Alvez, dont il avait été question entre Harris et Negoro, simples agents à sa solde. Là était le principal établissement de ce traitant, qui en possédait un second à Bihé et un troisième à Cassange, dans le Benguela, où le lieutenant Cameron allait le rencontrer quelques années plus tard.

Une grande rue centrale, de chaque côté des groupes de maisons, de « tembés » à toitures plates, à murailles de terre crépie, dont la cour carrée sert de parc au bétail, à l'extrémité de la rue la vaste « tchitoka » entourée de baracons, au-dessus de cet ensemble d'habitations quelques énormes banians dont les branches se développent par un mouvement superbe, çà et là de grands palmiers plantés comme des balais, la tête en l'air, sur la poussière des rues, une vingtaine d'oiseaux de proie préposés à la salubrité publique, tel est le quartier marchand de Kazonndé.

Non loin coule le Louhi, rivière dont le cours encore indéterminé est probablement un affluent ou tout au moins un sous-affluent du Coango, tributaire du Zaïre.

La résidence du roi de Kazonndé, qui confine au quartier commerçant, n'est qu'un ramassis de huttes malpropres qui s'étendent sur un espace d'un mille carré. De ces cases, les unes sont libres d'accès, les autres sont enceintes d'une palissade de roseaux ou bordées de figuiers buissonnants. Un clos particulier qu'entoure une haie de papyrus, une trentaine de cases servant de demeures aux esclaves du chef, un groupe de huttes pour ses femmes, un « tembé » plus vaste et plus élevé, à demi enfoui dans les plantations de manioc, telle est la résidence du roi de Kazonndé, un homme de cinquante ans, ayant nom Moini Loungga, et déjà bien déchu de la situation de ses prédécesseurs. Il n'a pas quatre mille soldats, là où les premiers traitants portugais en comptèrent vingt mille, et il ne pourrait plus, comme au bon temps, décréter l'immolation de vingt-cinq à trente esclaves par jour.

Ce roi était, d'ailleurs, un précoce vieillard usé par la débauche, brûlé par les liqueurs fortes, un féroce maniaque, faisant par caprice mutiler ses sujets, ses officiers ou ses ministres, coupant le nez ou les oreilles aux uns, le pied ou la main aux autres, et dont la mort, prochainement attendue, devait être accueillie sans aucun regret.

Un seul homme dans tout Kazonndé devait peut-être perdre à la mort de Moini Loungga. C'était le traitant José-Antonio Alvez, qui s'entendait fort bien avec l'ivrogne dont toute la province reconnaissait l'autorité. Il pouvait craindre après lui, si l'avénement de la première de ses femmes, la reine Moina, était contesté, que les États de Moini Loungga fussent envahis par un compétiteur voisin, un des rois de l'Oukousou. Celui-ci, plus jeune, plus actif, s'était déjà emparé de quelques villages qui relevaient du gouvernement de Kazonndé, et il avait à sa dévotion un autre traitant, rival d'Alvez, ce Tipo-Tipo, noir Arabe de race pure, dont Cameron allait bientôt recevoir la visite à N'yangwé.

Voici d'ailleurs ce qu'était cet Alvez, le véritable

souverain sous le règne du nègre abruti dont il avait développé et exploité les vices:

José-Antonio Alvez, déjà avancé en âge, n'était point, comme on pourrait le croire, un « msoungou », c'est-à-dire un homme de race blanche. Il n'avait de portugais que son nom, emprunté sans doute pour les besoins de son commerce. C'était un vrai nègre, bien connu dans ce monde des traitants, et qui s'appelait Kenndélé. Né, en effet, à Donndo, sur les bords de la Coanza, il avait commencé par être simple agent des courtiers d'esclaves, et devait finir en traitant de haute renommée, c'est-à-dire dans la peau d'un vieux coquin qui se disait le plus honnête homme du monde.

C'était cet Alvez que Cameron, vers la fin de 1874, devait rencontrer à Kilemmba, capitale de Kassonngo, chef de l'Ouroua, et qui allait le guider avec sa caravane jusqu'à son établissement de Bihé, sur un parcours de sept cents milles.

Le convoi d'esclaves, en arrivant à Kazonndé, avait été conduit à la grande place.

On était au 26 mai. Les calculs de Dick Sand se trouvaient donc justifiés. Le voyage avait duré trente-huit jours depuis le départ du campement établi sur les rives de la Coanza. Cinq semaines des plus épouvantables misères qu'il fût donné à des êtres humains de supporter!

Il était midi lorsque se fit l'entrée à Kazonndé. Les tambours battaient, les cornes de coudou éclataient au milieu des détonations des armes à feu. Les soldats de la caravane déchargeaient leurs fusils en l'air, et les serviteurs d'Antonio-José Alvez répondaient avec entrain. Tous ces bandits étaient heureux de se revoir, après une absence qui avait duré quatre mois. Ils allaient enfin se reposer et regagner le temps perdu dans la débauche et l'ivresse.

Les prisonniers, la plupart à bout de forces, formaient encore un total de deux cent cinquante têtes. Après avoir été poussés en avant comme un troupeau, ils allaient être enfermés dans ces baracons, dont les fermiers d'Amérique n'eussent pas voulu pour étables. Là les attendaient douze ou quinze cents autres captifs qui devaient être exposés le surlendemain au grand marché de Kazonndé. Ces baracons furent remplis avec les esclaves de la caravane. Les lourdes fourches leur avaient été enlevées, mais ils avaient dû garder leurs chaînes.

Les pagazis s'étaient arrêtés sur la place, après avoir déposé leurs charges d'ivoire, dont les négociants de Kazonndé allaient prendre livraison. Puis, payés de quelques yards de calicot ou autre étoffe de plus haut prix, ils retourneraient se joindre à quelque autre caravane.

Le vieux Tom et ses compagnons avaient donc été délivrés de ce carcan qu'ils portaient depuis cinq semaines. Bat et son père venaient enfin de se jeter dans les bras l'un de l'autre. Tous s'étaient serré la main. Mais c'est à peine s'ils osaient parler. Qu'auraient-ils pu se dire qui ne fût une parole de désespoir? Bat, Actéon, Austin, tous trois vigoureux, faits aux rudes travaux, avaient pu résister aux fatigues ; mais le vieux Tom, affaibli par les privations, était à bout de forces. Encore quelques jours, et son cadavre eût été abandonné, comme celui de la vieille Nan, en pâture aux fauves de la province!

Tous quatre, aussitôt arrivés, avaient été parqués dans un étroit baracon, dont la porte s'était immédiatement refermée sur eux. Là, ils avaient trouvé quelque nourriture, et ils attendaient la visite du traitant près duquel ils voulaient, mais bien inutilement, se prévaloir de leur qualité d'Américains.

Dick Sand, lui, était resté sur la place, sous la surveillance spéciale d'un havildar.

Il était enfin à Kazonndé, où il ne doutait pas que Mrs. Weldon, le petit Jack et cousin Bénédict ne l'eussent précédé. Il les avait cherchés des yeux en traversant les divers quartiers de la ville, jusqu'au fond des tembés qui bordaient les rues, sur cette tchitoka qui était presque déserte alors.

Mrs. Weldon n'était pas là !

« Ne l'aurait-on pas conduite ici? se demanda Dick Sand. Mais où serait-elle? Non! Hercule n'a pu s'y tromper. D'ailleurs cela devait rentrer dans les secrets desseins d'Harris et Negoro !... Et cependant, eux aussi, je ne les vois pas?... »

Une poignante anxiété avait saisi Dick Sand. Que Mrs. Weldon, retenue prisonnière, lui fût encore cachée, cela s'expliquait. Mais Harris et Negoro, — ce dernier surtout, — devaient avoir hâte de revoir le jeune novice, maintenant en leur pouvoir, ne fût-ce que pour jouir de leur triomphe, pour l'insulter, le torturer, se venger enfin! De ce qu'ils n'étaient pas là, devait-on conclure qu'ils avaient pris une autre direction, et que Mrs. Weldon s'était vu entraîner vers quelque autre point de l'Afrique centrale? Dût la présence de l'Américain et du Portugais être le signal de son supplice, Dick Sand la désirait impatiemment. Harris et Negoro à Kazonndé, c'eût été pour lui la certitude que Mrs. Weldon et son enfant y étaient aussi !

Dick Sand se dit alors que, depuis cette nuit dans laquelle Dingo lui avait apporté le billet d'Hercule, le chien n'avait pas reparu. Une réponse que le jeune novice avait préparée à tout hasard, et dans laquelle il recommandait à Hercule de ne songer qu'à Mrs. Weldon, de ne pas la perdre de vue, de la tenir le plus possible au courant de ce qui se passait, cette réponse il n'avait pu la faire parvenir à sa destination. Ce que Dingo avait pu faire une première fois, c'est-à-dire se glisser jusque dans les rangs de la caravane, pourquoi Hercule ne le lui avait-il pas fait tenter une seconde ? Le fidèle animal avait-il succombé dans quelque tentative avortée, ou encore Hercule, continuant à suivre les traces de Mrs. Weldon, comme eût fait Dick Sand à sa place, s'était-il enfoncé, suivi de Dingo, dans les profondeurs de ce plateau boisé de l'Afrique, dans l'espoir d'arriver à quelque factorerie de l'intérieur ?

Que pouvait imaginer Dick Sand, si en effet ni Mrs. Weldon ni ses ravisseurs n'étaient là! Il s'était cru tellement assuré, — à tort peut-être, — qu'il les retrouverait à Kazonndé, que de ne pas les y voir, tout d'abord lui porta un coup terrible. Il eut là un mouvement de désespoir qu'il ne put maîtriser. Sa vie, si elle ne devait plus être utile à ceux qu'il aimait, n'était bonne à rien, et il n'avait plus qu'à mourir! Mais, en pensant de la sorte, Dick Sand se méprenait sur son propre caractère! Sous le coup de ces épreuves, l'enfant s'était fait homme, et le découragement chez lui ne pouvait être qu'un tribut accidentel payé à la nature humaine.

Un formidable concert de fanfares et de cris éclata en ce moment. Soudain Dick Sand, que nous venons de voir affaissé dans la poussière de la tchitoka, se redressa. Tout nouvel incident pouvait le mettre sur les traces de ceux qu'il cherchait. Le désespéré de tout à l'heure ne désespérait déjà plus.

« Alvez! Alvez! » ce nom était répété par une foule d'indigènes et de soldats qui envahissaient alors la grande place. L'homme duquel dépendait le sort de tant d'infortunés allait enfin paraître. Il était possible que ses agents, Harris et Negoro, fussent avec lui. Dick Sand était debout, les yeux ouverts, les narines dilatées. Ce jeune novice de quinze ans, les deux traîtres le trouveraient là devant eux, droit, ferme, les regardant bien en face! Ce ne serait pas le capitaine du *Pilgrim* qui tremblerait devant l'ancien cuisinier du bord!

Un hamac, sorte de kitanda recouverte d'un mauvais rideau rapiécé, déteint, frangé de loques, parut à l'extrémité de la rue principale. Un vieux nègre en descendit. C'était le traitant José-Antonio Alvez.

Quelques serviteurs l'accompagnaient, faisant force démonstrations.

En même temps qu'Alvez apparaissait son ami Coïmbra, fils du major Coïmbra, de Bihé, et, au dire du lieutenant Cameron, le plus grand chenapan de la province, un être crasseux, débraillé, les yeux éraillés, la chevelure rude et crépue, la face jaune, vêtu d'une chemise en loques et d'une jupe d'herbes. On eût dit une horrible vieille sous son chapeau de paille tout dépenaillé. Ce Coïmbra était le confident, l'âme damnée d'Alvez, un organisateur de razzias, bien digne de commander les bandits du traitant.

Quant à celui-ci, peut-être était-il d'aspect un peu moins sordide que son acolyte sous ses habits de vieux Turc au lendemain d'un carnaval. Toutefois il ne donnait pas une haute idée de ces chefs de factorerie qui font la traite en grand.

Au grand désappointement du novice, ni Harris ni Negoro ne faisaient partie de la suite d'Alvez. Dick Sand devait-il donc renoncer à l'espoir de les retrouver à Kazonndé?

Cependant, le chef de la caravane, l'Arabe Ibn Hamis, échangeait des poignées de mains avec Alvez et Coïmbra. Il reçut nombre de félicitations. Les cinquante pour cent d'esclaves qui manquaient au compte général amenèrent bien une grimace sur la face d'Alvez; mais, en somme, l'affaire restait bonne encore. Avec ce que le traitant possédait de marchandise humaine dans ses baracons, il pourrait satisfaire aux demandes de l'intérieur, et troquer ses esclaves contre les dents d'ivoire et ces « hannas » de cuivre, sortes de croix de Saint-André sous la forme desquelles ce métal s'exporte dans le centre de l'Afrique.

Les compliments ne furent pas épargnés aux havildars ; quant aux porteurs, le traitant donna des ordres pour que leur salaire leur fût compté immédiatement.

José-Antonio Alvez et Coïmbra parlaient une sorte de portugais mêlé d'idiome indigène qu'un natif de Lisbonne aurait eu quelque peine à comprendre. Dick Sand n'entendait donc pas ce que ces « négociants » disaient entre eux. Avait-il été question de ses compagnons et de lui, si traîtreusement adjoints au personnel du convoi ? Le jeune novice n'eut plus lieu d'en douter, lorsque, sur un geste de l'Arabe Ibn Hamis, un havildar se dirigea vers le baracon où Tom, Austin, Bat et Actéon avaient été renfermés.

Presque aussitôt, les quatre Américains furent amenés devant Alvez.

Dick Sand s'approcha lentement. Il ne voulait rien perdre de cette scène.

La face d'Antonio-José Alvez s'illumina, quand il vit ces noirs bien découplés, auxquels le repos et une nourriture plus abondante allaient promptement rendre leur vigueur naturelle. Il n'eut qu'un regard de dédain pour le vieux Tom, auquel son âge enlevait du prix ; mais les trois autres se vendraient cher au prochain marché de Kazonndé.

Ce fut alors qu'Alvez retrouva dans ses souvenirs quelques mots d'anglais, que des agents tels que l'Américain Harris avaient pu lui apprendre, et le vieux singe crut devoir souhaiter ironiquement la bienvenue à ses nouveaux esclaves.

Tom comprit ces paroles du traitant; il s'avança aussitôt, et, montrant ses compagnons et lui :

« Nous sommes des hommes libres ! dit-il. Citoyens des États-Unis ! »

Alvez le comprit sans doute; il répondit avec une grimace de belle humeur, en hochant la tête :

« Oui... oui... Américains ! bienvenus... bienvenus !

— Bienvenus, » ajouta Coïmbra.

Le fils du major de Bihé s'avança alors vers Austin, et, comme un marchand qui examine un échantillon, après lui avoir tâté la poitrine, les épaules, il voulut lui faire ouvrir la bouche afin de voir ses dents.

Mais, à ce moment, le señor Coïmbra reçut par la figure le plus magistral coup de poing qu'un fils de major eût jamais attrapé !

Le confident d'Alvez alla rouler à dix pas. Quelques soldats se jetèrent sur Austin, qui allait peut-être payer chèrement ce mouvement de colère.

Alvez les arrêta d'un geste. Il riait, ma foi, de la mésaventure de son ami Coïmbra, qui en était de deux dents sur cinq ou six qui lui restaient !

José-Antonio Alvez n'entendait pas qu'on détériorât sa marchandise. Puis, il était d'un caractère gai, et depuis longtemps il n'avait si bien ri !

Il consola pourtant le tout déconfit Coïmbra, et celui-ci, remis sur pieds, revint prendre sa place près du traitant, tout en adressant un geste de menace à l'audacieux Austin.

En ce moment, Dick Sand, poussé par un havildar, était amené devant Alvez.

Celui-ci, évidemment, savait ce qu'était le jeune novice, d'où il venait, et comment il avait été pris au campement de la Coanza.

Aussi, après l'avoir regardé d'un œil assez méchant :

« Le petit Yankee ! » dit-il en mauvais anglais.

— Oui ! Yankee ! répondit Dick Sand. Que veut-on faire de mes compagnons et de moi ? »

— Yankee ! Yankee ! Petit Yankee ! » répétait Alvez.

N'avait-il pas compris, ou ne voulait-il pas comprendre la demande qui lui était faite ?

Dick Sand, une seconde fois, posa la question relative à ses compagnons et à lui. Il s'adressa en même temps à Coïmbra, qu'à ses traits, si dégradés qu'ils fussent par l'abus des liqueurs alcooliques, il avait reconnu ne pas être d'origine indigène.

Coïmbra renouvela le geste de menace qu'il avait déjà adressé à Austin et ne répondit pas.

Pendant ce temps, Alvez causait assez vivement avec l'Arabe Ibn Hamis, et de choses, évidemment, qui concernaient Dick Sand et ses amis. Sans doute, on allait les séparer de nouveau, et qui sait si jamais l'occasion d'échanger quelques paroles leur serait encore offerte.

« Mes amis, dit Dick Sand à mi-voix, et comme s'il se fût parlé à lui-même, quelques mots seulement! J'ai reçu par Dingo un billet d'Hercule. Il a suivi la caravane. Harris et Negoro entraînaient Mrs. Weldon, Jack et monsieur Bénédict. Où? Je ne le sais plus, s'ils ne sont pas ici, à Kazonndé. Patience, courage, soyez prêts à toute occasion. Que Dieu ait enfin pitié de nous!

— Et Nan? demanda le vieux Tom.

— Nan est morte!

— La première!...

— Et la dernière!... répondit Dick Sand, car nous saurons bien!... »

En ce moment, une main se posa sur son épaule, et il entendit ces paroles prononcées de ce ton aimable qu'il connaissait trop :

« Eh! voilà mon jeune ami, si je ne me trompe! Enchanté de le revoir! »

Dick Sand se retourna

Harris était devant lui.

« Où est mistress Weldon ? » s'écria Dick Sand en marchant sur l'Américain.

— Hélas! répondit Harris, en affectant une pitié qu'il ne ressentait pas, la pauvre mère! Comment aurait-elle pu survivre...

— Morte! s'écria Dick Sand. Et son enfant?...

— Le pauvre bébé! répondit Harris sur le même ton, comment de telles fatigues ne l'auraient-elles pas tué!... »

Ainsi, tout ce qu'aimait Dick Sand n'était plus! Que se passa-t-il en lui? Un irrésistible mouvement de colère, un besoin de vengeance qu'il lui fallut assouvir à tout prix !

Dick Sand bondit sur Harris, saisit un coutelas à la ceinture de l'Américain, et il le lui enfonça dans le cœur.

« Malédiction!... » s'écria Harris en tombant.

Harris était mort.

CHAPITRE X

UN JOUR DE GRAND MARCHÉ.

Le mouvement de Dick Sand avait été si prompt, qu'on n'eût pu l'arrêter. Quelques indigènes se jetèrent sur lui, et il allait être massacré, lorsque Negoro parut.

Un signe du Portugais écarta les indigènes, qui relevèrent et emportèrent le cadavre d'Harris. Alvez et Coïmbra réclamaient la mort immédiate de Dick Sand; mais Negoro leur dit à voix basse qu'ils ne perdraient rien pour attendre, et ordre fut donné d'emmener le jeune novice, avec recommandation de ne pas le perdre de vue un instant.

Dick Sand venait enfin de revoir Negoro, et pour la première fois, depuis leur départ du littoral. Il savait que ce misérable était seul coupable de la catastrophe du *Pilgrim!* Il devait le haïr plus encore que son complice. Et cependant, après avoir frappé l'Américain, il dédaigna d'adresser même une parole à Negoro.

Harris avait dit que Mrs. Weldon et son enfant avaient succombé!... Rien ne l'intéressait plus, pas même ce qu'on ferait de lui. On l'entraîna. Où? peu lui importait.

Dick Sand, étroitement enchaîné, fut déposé au fond d'un baracon sans fenêtre, sorte de cachot où le traitant Alvez enfermait les esclaves condamnés à mort pour rébellion ou voie de fait. Là, il ne pouvait plus avoir aucune communication avec l'extérieur; il ne songea même pas à le regretter. Il avait vengé ceux qu'il aimait, qui n'étaient plus! Quel que fût le sort qui l'attendait, il était prêt.

On pense bien que si Negoro avait arrêté les indigènes qui allaient punir le meurtre d'Harris, c'est qu'il réservait Dick Sand à l'un de ces terribles supplices dont les indigènes ont le secret. Le cuisinier du bord tenait en son pouvoir le capitaine de quinze ans; il ne lui manquait qu'Hercule pour que sa vengeance fût complète.

Deux jours après, le 28 mai, s'ouvrit le marché, le grand « lakoni », sur lequel devaient se rencontrer les traitants des principales factoreries de l'intérieur et les indigènes des provinces voisines. Ce marché de l'Angola n'était pas spécial à la vente des esclaves, mais tous les produits de cette fertile Afrique y devaient affluer en même temps que les producteurs.

Dès le matin, l'animation était déjà grande sur la vaste tchitoka de Kazonndé, et il est difficile d'en donner une juste idée. C'était un concours de quatre à cinq mille personnes, en y comprenant les esclaves de José-Antonio Alvez, parmi lesquels figuraient Tom et ses compagnons. Ces pauvres gens, précisément parce qu'ils étaient de race étrangère, ne devaient pas être les moins recherchés des courtiers de chair humaine!

Alvez était donc là, le premier entre tous; accompagné de Coïmbra, il proposait des lots d'esclaves, dont les traitants de l'intérieur allaient former une caravane. Parmi ces traitants, on remarquait certains métis d'Oujiji, principal marché du lac Tanganyika, et des Arabes, très-supérieurs à ces métis dans ce genre de commerce.

Les indigènes se voyaient là aussi en grand nombre. C'étaient des enfants, des hommes, des femmes, celles-ci trafiquantes passionnées, et qui, pour le génie du négoce, en auraient certes remontré à leurs semblables de couleur blanche. Dans les halles des grandes villes, même un jour de grand marché, il ne se fait ni plus de bruit ni plus d'affaires. Chez les civilisés, le besoin de vendre l'emporte peut-être sur l'envie d'acheter. Chez ces sauvages d'Afrique, l'offre se produisait avec autant de passion que la demande.

Pour les indigènes des deux sexes, le lakoni est un jour de fête, et, s'ils n'avaient pas mis leurs plus beaux habits, et pour cause, ils portaient du moins leurs plus beaux ornements. Chevelures divisées en quatre parties recouvertes de coussinets et en nattes rattachées comme un chignon, ou disposées en queues de poêle sur le devant de la tête avec panaches de plumes rouges, — chevelures à cornes recourbées empâtées de terre rouge et d'huile, comme ce minium qui sert à luter les joints des machines, — dans ces amas de cheveux faux ou vrais, un hérissement de brochettes, d'épingles de fer ou d'ivoire, souvent même, chez les élégants, un couteau à tatouage fiché dans la masse crépue, dont chaque cheveu, enfilé un à un dans un sofi ou perle de verre, forme une tapisserie de grains diversement colorés, — tels étaient les édifices qui se voyaient le plus communément sur la tête des hommes. Les femmes préféraient diviser leur chevelure en petites houppes de la grosseur d'une cerise, en tortillons, en torsades dont les bouts figuraient un dessin en relief, en tire-bouchons disposés

9.

le long de la face. Quelques-unes, plus simples et peut-être plus jolies, laissaient pendre leurs cheveux sur leur dos, à la manière anglaise, et d'autres, à la mode française, les portaient en franges coupées sur le front. Et presque toujours, sur ces tignasses, un mastic de graisse, d'argile, ou de luisante « nkola », substance rouge extraite du bois de santal, si bien que ces élégantes semblaient être coiffées de tuiles.

Il ne faudrait pas s'imaginer que ce luxe d'ornementation ne fût appliqué qu'à la chevelure des indigènes. A quoi serviraient les oreilles, si l'on n'y passait des chevillettes de bois précieux, des anneaux de cuivre découpés à jour, des chaînes de maïs tressées qui les ramènent en avant, ou de petites gourdes, servant de tabatières, — au point que les lobes détendus de ces appendices tombent parfois jusqu'aux épaules de leurs propriétaires? Après tout, les sauvages de l'Afrique n'ont pas de poches, et comment en auraient-ils? De là, nécessité de placer où ils peuvent et comme ils le peuvent, les couteaux, pipes et autres objets usuels. Quant au cou, aux bras, aux poignets, aux jambes, aux chevilles, ces diverses parties du corps sont incontestablement pour eux destinées à porter des bracelets de cuivre ou d'airain, des cornes découpées et ornées de boutons brillants, des rangs de perles rouges, dites samé-samés ou « talakas », et qui étaient très à la mode alors. Aussi, avec ces bijoux, étalés à profusion, les riches de l'endroit avaient-ils l'aspect de châsses ambulantes.

En outre, si la nature a donné des dents aux indigènes, n'est-ce pas pour s'arracher les incisives médianes du haut et du bas, pour les limer en pointes, pour les recourber en crochets aigus comme des crochets de crotales? Si elle a planté des ongles au bout des doigts, n'est-ce pas pour qu'ils poussent si démesurément que l'usage de la main en soit rendu à peu près impossible? Si la peau, noire ou brune, recouvre la charpente humaine, n'est-ce pas pour la zébrer de « temmbos » ou tatouages, représentant des arbres, des oiseaux, des croissants, des pleines lunes, ou de ces lignes ondulées dans lesquelles Livingstone a cru retrouver des dessins de l'ancienne Égypte? Ce tatouage des pères, pratiqué au moyen d'une matière bleue introduite dans les incisions, se « cliche » point pour point sur le corps des enfants, et permet de reconnaître à quelle tribu ou à quelle famille ils appartiennent. Il faut bien graver son blason sur sa poitrine, quand on ne peut pas le peindre sur les panneaux d'une voiture !

Telle était donc la part de l'ornementation dans ces modes indigènes. Quant aux vêtements proprement dits, ils se résumaient pour ces messieurs en quelque tablier de cuir d'antilope descendant jusqu'aux genoux, ou même en un jupon de tissu d'herbe à couleurs vives ; pour ces dames, c'était une ceinture de perles soutenant à la taille une jupe verte, brodée en soie, ornée de grains de verre ou de cauris, quelquefois un de ces pagnes en « lambba », étoffe d'herbe, bleue, noire et jaune, qui est si recherchée des Zanzibarites.

Il ne s'agit ici que des nègres de la haute société. Les autres, marchands ou esclaves, étaient à peine vêtus. Les femmes, le plus souvent, servaient de porteuses et arrivaient sur le marché avec d'énormes hottes au dos, qu'elles maintenaient au moyen d'une courroie passée sur leur front. Puis, la place prise, la marchandise déballée, elles s'accroupissaient dans leur hotte vide.

L'étonnante fertilité du pays faisait affluer sur ce lakoni des produits alimentaires de premier choix. Il y avait à profusion ce riz qui donne cent pour un, ce maïs qui, dans trois récoltes en huit mois, rapporte deux cents pour un, le sésame, le poivre de l'Ouroua, plus fort que le piment de Cayenne, du manioc, du sorgho, des muscades, du sel, de l'huile de palme. Là s'étaient donné rendez-vous quelques centaines de chèvres, de cochons, de moutons sans laine, à fanons et à poils, évidemment d'origine tartare, de la volaille, du poisson, etc. Des poteries, très-symétriquement tournées, saisissaient le regard par leurs violentes couleurs. Les boissons variées que les petits indigènes criaient d'une voix glapissante, tentaient les amateurs, sous la forme de vin de banane, de « pombé », liqueur forte très en usage, de « malofou », bière douce faite avec les fruits du bananier, et d'hydromel, mélange limpide de miel et d'eau, fermenté avec du malt.

Mais ce qui eût rendu le marché de Kazonndé plus curieux encore, c'était le commerce des étoffes et de l'ivoire.

En étoffes, on comptait par milliers de « choukkas » ou de brasses le « méricani », calicot écru, venu de Salem dans le Massachussets, le « kaniki », cotonnade bleue large de trente-quatre pouces, le « sohari », étoffe à carreaux bleus et blancs avec bordure rouge, mélangée de petites raies bleues, moins cher que les « dioulis » de soie de Surate, à fonds verts, rouges ou jaunes, qui valent depuis sept dollars le coupon de trois yards jusqu'à quatre-vingts dollars, lorsqu'ils sont tissés d'or.

Quant à l'ivoire, il affluait de tous les points de l'Afrique centrale, à destination de Khartoum, de Zanzibar ou de Natal, et les négociants étaient nombreux qui exploitaient uniquement cette branche de commerce africain.

Se figure-t-on ce qu'on tue d'éléphants pour fournir

les cinq cent mille kilogrammes d'ivoire [1] que l'exportation jette annuellement sur les marchés de l'Europe et principalement en Angleterre? Il en faut quarante mille rien que pour les besoins du Royaume-Uni. La côte occidentale de l'Afrique seule produit cent quarante tonnes de cette précieuse substance. La moyenne est de vingt-huit livres pour une paire de dents d'éléphant qui, en 1874, ont valu jusqu'à quinze cents francs, mais il en est qui pèsent jusqu'à cent soixante-cinq livres, et, précisément au marché de Kazonndé, les amateurs en eussent trouvé d'admirables, faites d'un ivoire opaque, translucide, doux à l'outil, et d'écorce brune, conservant sa blancheur et ne jaunissant pas avec le temps comme les ivoires d'autres provenances.

Et maintenant, comment se réglaient entre acheteurs et vendeurs ces diverses opérations de commerce? Quelle était la monnaie courante? On l'a dit, cette monnaie, c'est l'esclave pour les trafiquants de l'Afrique.

L'indigène, lui, paye en grains de verre, de fabrication vénitienne, nommés « catchokolos » lorsqu'ils sont d'un blanc de chaux, « bouboulous » quand ils sont noirs, « sikoundéretchés » quand ils sont roses. Ces grains ou perles assemblés sur dix rangs ou « khetés » faisant deux fois le tour du cou, forment

---

[1]. La coutellerie de Sheffield consomme 170,000 kilogrammes d'ivoire.

le « foundo », dont la valeur est grande. La mesure la plus usuelle de ces perles est le « frasilah », qui pèse soixante-dix livres ; et Livingstone, Cameron, Stanley ont toujours eu soin d'être abondamment pourvus de cette monnaie. A défaut de grains de verre, le « picé », pièce zanzibarite de quatre centimes, et les « vioungouas », coquillages particuliers à la côte orientale, ont cours sur les marchés du continent africain. Quant aux tribus anthropophages, elles attachent une certaine valeur aux dents de mâchoires humaines, et au lakoni — on voyait de ces chapelets au cou de l'indigène qui avait sans doute mangé les producteurs, — mais ces dents-là commencent à être démonétisées.

Tel était donc l'aspect de ce grand marché. Vers le milieu du jour, l'animation était portée au plus haut point, le bruit devint assourdissant. La fureur des vendeurs dédaignés, la colère des chalands surfaits ne sauraient s'exprimer. De là des luttes fréquentes, et, comme on le pense bien, peu de gardiens de la paix à mettre le holà dans cette foule hurlante.

Ce fut vers le milieu de la journée qu'Alvez donna l'ordre d'amener sur la place les esclaves dont il voulait se défaire. La foule se trouva ainsi accrue de deux mille malheureux de tout âge, que le traitant gardait dans ses baracons depuis plusieurs mois. Ce « stock » n'était point en mauvais état. Un long repos, une nourriture suffisante avaient mis les esclaves en état de figurer avantageusement dans le lakoni. Quant aux derniers arrivés, ils ne pouvaient soutenir aucune comparaison avec eux, et, après un mois de baracon, Alvez les eût certainement vendus avec plus de profit; mais les demandes de la côte orientale étaient si considérables qu'il se décida à les exposer tels quels.

Ce fut là un malheur pour Tom et ses trois compagnons. Les havildars les poussèrent dans le troupeau qui envahit la tchitoka. Ils étaient solidement enchaînés, et leurs regards disaient assez quelle fureur, quelle honte aussi les accablaient.

« Monsieur Dick n'est pas là ! dit presque aussitôt Bat, dès qu'il eut parcouru des yeux la vaste place de Kazonndé.

— Non ! répondit Actéon, on ne le mettra pas en vente !

— Il sera tué, s'il ne l'est déjà ! ajouta le vieux noir. Quant à nous, nous n'avons plus qu'un espoir, c'est que le même traitant nous achète ensemble. Ce serait une consolation de ne point être séparés !

— Ah ! te savoir loin de moi, travaillant comme esclave !... mon pauvre vieux père ! s'écria Bat, suffoqué par les sanglots.

— Non... dit Tom. Non ! On ne nous séparera pas, et peut-être pourrons-nous ?...

— Si Hercule était ici ! » s'écria Austin.

Mais le géant n'avait pas reparu. Depuis les nouvelles parvenues à Dick Sand, on n'avait plus entendu parler ni de Dingo, ni de lui. Fallait-il donc envier son sort ? Oui, certes ! car si Hercule avait succombé, du moins il n'avait pas porté les chaînes de l'esclave !

Cependant, la vente avait commencé. Les agents d'Alvez promenaient au milieu de la foule des lots d'hommes, de femmes, d'enfants, sans s'inquiéter s'ils séparaient ou non les mères de leurs petits ! Ne peut-on les nommer ainsi, ces malheureux, qui n'étaient pas autrement traités que des animaux domestiques ? Tom et les siens furent ainsi conduits d'acheteurs en acheteurs. Un agent marchait devant eux, criant le prix auquel leur lot serait adjugé. Des courtiers arabes, ou métis des provinces centrales, venaient les examiner. Ils ne retrouvaient point en eux les signes particuliers à la race africaine, signes modifiés chez ces Américains dès la seconde génération. Mais ces nègres vigoureux et intelligents, bien différents des noirs amenés des bords du Zambèze ou du Loualâba, avaient une grande valeur à leurs yeux. Ils les palpaient, ils les retournaient, ils regardaient leurs dents. Ainsi font les maquignons des chevaux qu'ils veulent acheter. Puis, on jetait au loin un bâton, on les obligeait à courir pour aller le ramasser, et on se rendait ainsi compte de leurs allures.

C'était la méthode employée pour tous, et tous étaient soumis à ces humiliantes épreuves. Que l'on ne croie pas à une complète indifférence chez ces malheureux à se voir ainsi traités! Non. Excepté des enfants qui ne pouvaient comprendre à quel état de dégradation on les réduisait, tous, hommes ou femmes, étaient honteux. On ne leur épargnait, d'ailleurs, ni les injures, ni les coups. Coïmbra, à demi ivre, et les agents d'Alvez les traitaient avec la dernière brutalité, et, chez les nouveaux maîtres qui venaient de les payer en ivoire, en étoffes ou en perles, ils ne trouvaient pas un meilleur accueil. Violemment séparés les uns des autres, une mère de son enfant, un mari de sa femme, un frère de sa sœur, on ne leur permettait ni une dernière caresse, ni un dernier baiser, et, sur ce lakoni, ils se voyaient pour la dernière fois.

En effet, les besoins de la traite exigent que les esclaves, suivant leur sexe, reçoivent une destination différente. Les traitants qui achètent les hommes ne sont pas ceux qui achètent les femmes. Celles-ci, en vertu de la polygamie qui fait loi chez les Musulmans, sont principalement dirigées vers les pays arabes, où on les échange pour de l'ivoire. Quant aux hommes, destinés aux plus rudes travaux, ils vont aux factoreries des deux côtes, et sont exportés, soit aux colonies espagnoles, soit aux marchés de Mascate et de Madagascar. Ce triage amène donc des scènes déchirantes entre ceux que les agents séparent et qui mourront sans s'être jamais revus.

Tom et ses compagnons devaient à leur tour subir le sort commun. Mais, à vrai dire, ils ne redoutaient pas cette éventualité. Mieux valait pour eux, en effet, être exportés dans une colonie à esclaves. Là, du moins, ils auraient quelque chance de pouvoir se réclamer. Retenus, au contraire, dans une province centrale de l'Afrique, il leur eût fallu renoncer à toute espérance de redevenir jamais libres!

Il en fut comme ils l'avaient souhaité. Ils eurent même cette consolation presque inespérée de ne point être séparés. Leur lot fut vivement disputé par plusieurs traitants d'Oujiji. Antonio-José Alvez battait des mains. Les prix montaient. On s'empressait pour voir ces esclaves d'une valeur inconnue sur le marché de Kazonndé, et dont Alvez avait eu bien soin de cacher la provenance. Or, Tom et les siens, ne parlant pas la langue du pays, ne pouvaient protester.

Leur maître fut un riche traitant arabe, qui allait, dans quelques jours, les exporter sur le lac Tanganyika où se fait le grand passage des esclaves; puis, de ce point, vers les factoreries de Zanzibar.

Y arriveraient-ils jamais, à travers les plus malsaines et les plus dangereuses contrées de l'Afrique centrale? Quinze cents milles à franchir dans ces conditions, au milieu des fréquentes guerres soulevées de chef à chef, sous un climat meurtrier! Le vieux Tom aurait-il la force de supporter de telles misères? Ne succomberait-il pas en route, comme la vieille Nan?

Mais les pauvres gens n'étaient point séparés! Elle leur sembla moins lourde à porter, la chaîne qui les attacha tous ensemble! Le traitant arabe les fit conduire dans un baracon à part. Il tenait évidemment à ménager une marchandise qui lui promettait un gros profit au marché de Zanzibar.

Tom, Bat, Actéon et Austin quittèrent donc la place, et ils ne purent rien voir ni savoir de la scène qui allait terminer le grand lakoni de Kazonndé.

CHAPITRE XI

UN PUNCH OFFERT AU ROI DE KAZONNDÉ.

Il était quatre heures du soir, lorsqu'un grand fracas de tambours, de cymbales et autres instruments d'origine africaine retentit à l'extrémité de la rue principale. L'animation redoublait alors à tous les coins du marché. Une demi-journée de cris, de luttes, n'avait ni éteint la voix, ni brisé bras et jambes à ces négociants endiablés. Bon nombre d'esclaves restaient encore à vendre; les traitants se disputaient les lots avec une ardeur dont la Bourse de Londres n'eût donné qu'une imparfaite idée, même un jour de grande hausse.

Mais, au discordant concert qui éclata soudain, les

transactions furent suspendues, et les crieurs purent reprendre haleine.

Le roi de Kazonndé, Moini Loungga, venait honorer de sa visite le grand lakoni. Une suite assez nombreuse de femmes, de « fonctionnaires », de soldats et d'esclaves l'accompagnaient. Alvez et d'autres traitants se portèrent à sa rencontre et exagérèrent naturellement les hommages auxquels tenait particulièrement cet abruti couronné.

Moini Loungga, apporté dans un vieux palanquin, en descendit, non sans l'aide d'une dizaine de bras, au milieu de la grande place.

Ce roi avait cinquante ans, mais on lui en eût donné quatre-vingts. Qu'on se figure un vieux singe arrivé au terme de l'extrême vieillesse. Sur sa tête, une sorte de tiare, ornée de griffes de léopard teintes en rouge, et agrémentée de touffes de poils blanchâtres; c'était la couronne des souverains de Kazonndé. A sa ceinture pendaient deux jupes en cuir de coudou, brodé de perles, et plus raccorni que le tablier d'un forgeron. Sur sa poitrine, des tatouages multiples, qui témoignaient de l'antique noblesse du roi, et, à l'en croire, la généalogie des Moini Loungga se perdait dans la nuit des temps. Aux chevilles, aux poignets, aux bras de Sa Majesté s'enroulaient des bracelets de cuivre, incrustés de sofis, et ses pieds étaient chaussés d'une paire de bottes de domestique, à retroussis jaunes, dont Alvez lui avait fait don quelque vingt années auparavant. Que l'on ajoute à la main gauche du roi une grande canne à pomme argentée, à sa main droite un chasse-mouche à poignée enchâssée de perles, au-dessus de sa tête l'un de ces vieux parapluies rapiécés qui semblent avoir été taillés dans la culotte d'Arlequin, enfin à son cou et sur son nez de monarque la loupe et la paire de lunettes qui avaient fait tant défaut au cousin Bénédict et qui avaient été volées dans la poche de Bat, et on aura le portrait ressemblant de cette Majesté nègre, qui faisait trembler le pays dans un périmètre de cent milles.

Moini Loungga, par cela même qu'il occupait un trône, prétendait avoir une origine céleste, et ceux de ses sujets qui en auraient douté, il les eût envoyés s'en assurer dans l'autre monde. Il disait n'être astreint à aucun des besoins terrestres, étant d'essence divine. S'il mangeait, c'est qu'il le voulait bien; s'il buvait, c'est que cela lui faisait plaisir. Il était impossible, d'ailleurs, de boire davantage. Ses ministres, ses fonctionnaires, d'incurables ivrognes, eussent passé auprès de lui pour des gens sobres. C'était une Majesté alcoolisée au dernier chef et incessamment imbibée de bière forte, de pombé et surtout d'un certain trois-six, dont Alvez la fournissait à profusion.

Ce Moini Loungga comptait dans son harem des épouses de tout âge et de tout ordre. La plupart l'accompagnaient pendant cette visite au lakoni. Moina, la première en date, celle qu'on appelait la reine, était une mégère de quarante ans, de sang royal, comme ses collègues. Elle portait une sorte de tartan à vives couleurs, une jupe d'herbe, brodée de perles, des colliers partout où l'on peut en mettre, une chevelure étagée, qui faisait un énorme cadre à sa petite tête, enfin, un monstre. D'autres épouses, qui étaient ou les cousines ou les sœurs du roi, moins richement vêtues, mais plus jeunes, marchaient derrière elle, prêtes à remplir, sur un signe du maître, leur emploi de meubles humains. Ces malheureuses ne sont vraiment pas autre chose. Le roi veut-il s'asseoir, deux de ces femmes se courbent sur le sol et lui servent de siéges, pendant que ses pieds reposent sur d'autres corps de femmes, comme sur un tapis d'ébène!

A la suite de Moini Loungga venaient encore ses fonctionnaires, ses capitaines et ses magiciens. Ce que l'on remarquait tout d'abord, c'est qu'à ces sauvages, qui titubaient comme leur maître, il manquait une partie quelconque du corps, à l'un l'oreille, à l'autre un œil, à celui-ci le nez, à celui-là la main. Pas un n'était au complet. Cela tient à ce qu'on n'applique que deux sortes de châtiments à Kazonndé, la mutilation ou la mort, le tout au caprice du roi. Pour la moindre faute, une amputation quelconque, et les plus punis sont ceux qu'on essorille, puisqu'ils ne peuvent plus porter d'anneaux aux oreilles !

Les capitaines des « kilolos », gouverneurs de districts, héréditaires ou nommés pour quatre ans, étaient coiffés de bonnets de peau de zèbre, et avaient pour tout uniforme des gilets rouges. Leur main brandissait de longues cannes de rotang, enduites à un bout de drogues magiques.

Quant aux soldats, ils avaient pour armes offensives et défensives des arcs dont le bois, enroulé de la corde de rechange, était orné de franges, des couteaux affilés en langues de serpents, des lances larges et longues, des boucliers en bois de palmier, décorés d'arabesques. Pour ce qui est de l'uniforme proprement dit, il ne coûtait absolument rien au trésor de Sa Majesté.

Enfin, le cortége du roi comprenait en dernier lieu les magiciens de la cour et les instrumentistes.

Les sorciers, les « mganngas », sont les médecins du pays. Ces sauvages ajoutent une foi absolue aux services divinatoires, aux incantations, aux fétiches, figures d'argile tachetées de blanc et de rouge, représentant des animaux fantastiques ou des figures d'hommes et de femmes taillées en plein bois. Du reste, ces magiciens n'étaient pas moins mutilés que les autres courtisans, et sans doute le monarque les payait ainsi des cures qui ne réussissaient pas.

Les instrumentistes, hommes ou femmes, faisaient crier d'aigres crécelles, résonner de bruyants tambours, ou frémir sous des baguettes terminées par une boule en caoutchouc des « marimebas », sortes de tympanons formés de deux rangées de gourdes de dimensions variées, — le tout très-assourdissant pour quiconque ne possède pas une paire d'oreilles africaines.

Au-dessus de cette foule qui composait le cortége royal se balançaient quelques drapeaux et fanions, puis, au haut des piques, les quelques crânes blanchis des chefs rivaux que Moini Loungga avait vaincus.

Lorsque le roi eut quitté son palanquin, des acclamations éclatèrent de toutes parts. Les soldats des caravanes déchargèrent leurs vieux fusils, dont les molles détonations ne dominaient guère les vociférations de la foule. Les havildars, après s'être frotté leur noir museau d'une poudre de cinabre qu'ils portaient dans un sac, se prosternèrent. Puis Alvez, s'avançant à son tour, remit au roi une provision de tabac frais, — « l'herbe apaisante », comme on l'appelle dans le pays. Et il avait grand besoin d'être apaisé, Moini Loungga, car il était, on ne sait pourquoi, de fort méchante humeur.

En même temps qu'Alvez, Coïmbra, Ibn Hamis et les traitants arabes ou métis vinrent faire leur cour au puissant souverain du Kazonndé. « Marhaba, » disaient les Arabes, ce qui est le mot de bienvenue dans leur langue de l'Afrique centrale ; d'autres battaient des mains et se courbaient jusqu'au sol ; quelques-uns se barbouillaient de vase et prodiguaient à cette Majesté hideuse des marques de la dernière servilité.

Moini Loungga regardait à peine tout ce monde et marchait en écartant les jambes, comme si le sol eût eu des mouvements de roulis et de tangage. Il se promena ainsi, ou plutôt il roula au milieu des lots d'esclaves, et si les traitants avaient à craindre qu'il n'eût fantaisie de s'adjuger quelques-uns des prisonniers, ceux-ci ne redoutaient pas moins de tomber au pouvoir d'une pareille brute.

Negoro n'avait pas un instant quitté Alvez, et, en sa compagnie, il présentait ses hommages au roi. Tous deux causaient en langage indigène, si toutefois ce mot « causer » peut se dire d'une conversation à laquelle Moini Loungga ne prenait part que par des monosyllabes, qui trouvaient à peine passage entre ses lèvres avinées. Et encore ne demandait-il à son ami Alvez que de renouveler sa provision d'eau-de-vie, que d'importantes libations venaient d'épuiser.

« Le roi Loungga est le bienvenu au marché de Kazonndé ! disait le traitant.

— J'ai soif, répondait le monarque.

— Il aura sa part dans les affaires du grand lakoni, ajoutait Alvez.

— A boire ! répliquait Moini Loungga.

— Mon ami Negoro est heureux de revoir le roi de Kazonndé après une si longue absence.

— A boire ! répétait l'ivrogne, dont toute la personne dégageait une révoltante odeur d'alcool.

— Eh bien, du pombé, de l'hydromel ! s'écria Antonio-José Alvez, en homme qui savait bien où Moini Loungga voulait en venir.

— Non !... non !... répondit le roi... L'eau-de-vie de mon ami Alvez, et je lui donnerai pour chaque goutte de son eau de feu...

— Une goutte de sang d'un blanc ! s'écria Negoro, après avoir fait à Alvez un signe que celui-ci comprit et approuva.

— Un blanc ! mettre un blanc à mort ! répliqua Moini Loungga, dont les féroces instincts se réveillèrent à la proposition du Portugais.

— Un agent d'Alvez a été tué par ce blanc, reprit Negoro.

— Oui... mon agent Harris, répondit le traitant, et il faut que sa mort soit vengée !

« — Qu'on envoie ce blanc au roi Massongo, dans le Haut-Zaïre, chez les Assouas! Ils le couperont en morceaux, ils le mangeront vivant! Eux n'ont pas oublié le goût de la chair humaine! » s'écria Moini Loungga.

C'était, en effet, le roi d'une tribu d'anthropophages, ce Massongo, et il n'est que trop vrai que, dans certaines provinces de l'Afrique centrale, le cannibalisme est encore ouvertement pratiqué. Livingstone l'avoue dans ses notes de voyage. Sur les bords du Loualâba, les Manyemas mangent non-seulement les hommes tués dans les guerres, mais ils achètent des esclaves pour les dévorer, disant « que la chair humaine est légèrement salée et n'exige que peu d'assaisonnement! » Ces cannibales, Cameron les a retrouvés chez Moéné Bougga, où l'on ne se repaît des cadavres qu'après les avoir fait macérer pendant plusieurs jours dans une eau courante. Stanley a également rencontré chez les habitants de l'Oukousou ces coutumes d'anthropophagie, évidemment très-répandues parmi les tribus du centre.

Mais, si cruel que fût le genre de mort proposé par le roi pour Dick Sand, il ne pouvait convenir à Negoro, qui ne se souciait pas de se déposséder de sa victime.

« C'est ici, dit-il, que le blanc a tué notre camarade Harris.

— C'est ici qu'il doit mourir ! ajouta Alvez.

— Où tu voudras, Alvez, répondit Moini Loungga. Mais goutte d'eau de feu pour goutte de sang !

— Oui, répondit le traitant, de l'eau de feu, et tu verras aujourd'hui qu'elle mérite bien ce nom ! Nous la ferons flamber, cette eau ! José-Antonio Alvez offrira un punch au roi Moini Loungga !... »

L'ivrogne frappa dans les mains de son ami Alvez. Il ne se tenait pas de joie. Ses femmes, ses courtisans partageaient son délire. Ils n'avaient jamais vu flamber l'eau-de-vie, et, sans doute, ils comptaient la boire toute flambante. Puis, avec la soif de l'alcool, la soif du sang, si impérieuse chez ces sauvages, serait satisfaite aussi.

Pauvre Dick Sand ! quel horrible supplice l'attendait ! Quand on pense aux effets terribles ou grotesques de l'ivresse dans les pays civilisés, on comprend jusqu'où elle peut pousser des êtres barbares.

On croira volontiers que la pensée de torturer un blanc ne pouvait déplaire ni à aucun des indigènes, ni à Antonio-José Alvez, nègre comme eux, ni à Coïmbra, métis de sang noir, ni à Negoro enfin, animé d'une haine farouche contre les gens de sa couleur.

Le soir était venu, un soir sans crépuscule, qui allait faire presque immédiatement succéder le jour à la nuit, heure propice au flamboiement de l'alcool.

C'était une triomphante idée, vraiment, qu'avait eue Alvez d'offrir un punch à cette Majesté nègre, et de lui faire aimer l'eau-de-vie sous une forme nouvelle. Moini Loungga commençait à trouver que l'eau de feu ne justifiait pas suffisamment son nom. Peut-être, flambante et brûlante, chatouillerait-elle plus agréablement les papilles insensibilisées de sa langue!

Le programme de la soirée comprenait donc un punch d'abord, un supplice ensuite.

Dick Sand, étroitement enfermé dans son obscure prison, n'en devait sortir que pour aller à la mort. Les autres esclaves, vendus ou non, avaient été réintégrés dans les baracons. Il ne restait plus sur la tchitoka que les traitants, les havildars, les soldats, prêts à prendre leur part du punch, si le roi et sa cour leur en laissaient.

José-Antonio Alvez, conseillé par Negoro, fit bien les choses. On apporta une vaste bassine de cuivre pouvant contenir au moins deux cents pintes, et qui fut placée au milieu de la grande place. Des barils renfermant un alcool de qualité inférieure, mais très-rectifié, furent versés dans la bassine. On n'épargna ni la cannelle, ni les piments, ni aucun des ingrédients qui pouvaient encore relever ce punch de sauvages!

Tous avaient fait cercle autour du roi. Moini Loungga s'avança en titubant vers la bassine. On eût dit que cette cuve d'eau-de-vie le fascinait et qu'il allait s'y précipiter.

Alvez le retint généreusement, et lui mit dans la main une mèche allumée.

« Feu ! » cria-t-il avec une sournoise grimace de satisfaction.

« Feu ! » répondit Moini Loungga, en fouettant le liquide du bout de la mèche.

Quelle flambée, et quel effet, lorsque les flammes bleuâtres voltigèrent à la surface de la bassine ! Alvez, sans doute pour rendre cet alcool plus âcre encore, l'avait mélangé de quelques poignées de sel marin. Les faces des assistants revêtirent alors cette lividité spectrale que l'imagination prête aux fantômes. Ces nègres, ivres d'avance, se mirent à crier, à gesticuler, et se prenant par la main, formèrent une immense ronde autour du roi de Kazonndé.

Alvez, muni d'une énorme louche de métal, remuait le liquide, qui jetait de larges éclats blafards sur ces singes en délire.

Moini Loungga s'avança. Il saisit la louche des mains du traitant, la plongea dans la bassine, puis, la retirant pleine de punch en flammes, il l'approcha de ses lèvres.

Quel cri poussa alors le roi de Kazonndé !

Un fait de combustion spontanée venait de se produire. Le roi avait pris feu comme une bonbonne de pétrole. Ce feu développait peu de chaleur, mais il n'en dévorait pas moins.

A ce spectacle, la danse des indigènes s'était subitement arrêtée.

Un ministre de Moini Loungga se précipita sur son souverain pour l'éteindre ; mais, non moins alcoolisé que son maître, il prit feu à son tour.

A ce compte, la cour de Moini Loungga était en péril de brûler tout entière !

Alvez et Negoro ne savaient comment porter secours à Sa Majesté. Les femmes épouvantées avaient pris la fuite. Quant à Coïmbra, il détala rapidement, connaissant bien sa nature inflammable.

Le roi et le ministre, qui étaient tombés sur le sol, se tordaient en proie à d'affreuses souffrances.

Dans les corps si profondément alcoolisés, la combustion ne produit qu'une flamme légère et bleuâtre que l'eau ne saurait éteindre. Même étouffée à l'extérieur, elle continuerait encore à brûler intérieurement. Quand les liqueurs ont pénétré tous les tissus, il n'existe aucun moyen d'arrêter la combustion.

Quelques instants après, Moini Loungga et son fonctionnaire avaient succombé, mais ils brûlaient encore. Bientôt, à la place où ils étaient tombés, on ne trouvait plus que quelques charbons légers, un ou deux morceaux de colonne vertébrale, des doigts, des orteils que le feu ne consume pas dans les cas de combustion spontanée, mais qu'il recouvre d'une suie infecte et pénétrante.

C'était tout ce qui restait du roi de Kazonndé et de son ministre.

CHAPITRE XII

UN ENTERREMENT ROYAL.

Le lendemain, 29 mai, la ville de Kazonndé présentait un aspect inaccoutumé. Les indigènes, terrifiés, se tenaient enfermés dans leurs huttes. Ils n'avaient jamais vu ni un roi qui se disait d'essence divine, ni un simple ministre mourir de cette horrible mort. Ils n'étaient pas sans avoir brûlé déjà quelques-uns de leurs semblables, et les plus vieux ne pouvaient oublier certains préparatif culinaires relatifs au cannibalisme. Ils savaient donc combien l'incinération d'un corps humain s'opère difficilement, et voilà que leur roi et son ministre avaient brûlé comme tout seuls ! Cela leur paraissait et devait, en effet, leur paraître inexplicable !

José-Antonio Alvez se tenait coi dans sa maison. Il pouvait craindre qu'on ne le rendît responsable de l'accident. Negoro lui avait fait comprendre ce qui s'était passé, en l'avertissant de prendre garde à lui-même. Mettre la mort de Moini Loungga à son compte, eût été une mauvaise affaire dont il ne se fût peut-être pas tiré sans dommage.

Mais Negoro eut une bonne idée. Par ses soins, Alvez fit répandre le bruit que cette mort du souverain de Kazonndé était surnaturelle, que le grand Manitou ne la réservait qu'à ses élus, et les indigènes, si enclins à la superstition, ne répugnèrent point à accepter cette bourde. Le feu qui sortait des corps du roi et de son ministre devint un feu sacré. Il n'y avait plus qu'à honorer Moini Loungga par des funérailles dignes d'un homme élevé au rang des dieux.

Ces funérailles, avec tout le cérémonial qu'elles comportent chez les peuplades africaines, c'était l'occasion offerte à Negoro d'y faire jouer un rôle à Dick Sand. Ce qu'allait coûter de sang cette mort du roi Moini Loungga, on le croirait difficilement, si les voyageurs de l'Afrique centrale, le lieutenant Cameron entre autres, n'avaient relaté des faits qui ne peuvent être mis en doute.

L'héritière naturelle du roi de Kazonndé était la reine Moina. En procédant sans retard aux cérémonies funèbres, elle faisait acte d'autorité souveraine, et pouvait ainsi distancer les compétiteurs, entre autres ce roi de l'Oukousou qui tendait à empiéter sur les droits des souverains du Kazonndé. En outre, Moina, par cela même qu'elle devenait reine, évitait le sort cruel réservé aux autres épouses du défunt, et, en même temps, elle se débarrassait des plus jeunes, dont elle, première en date, avait nécessairement eu à se plaindre. Ce résultat convenait particulièrement au tempérament féroce de cette mégère. Elle fit donc annoncer, à son de cornes de coudou et de marimebas, que les funérailles du roi défunt s'accompliraient le lendemain soir avec tout le cérémonial d'usage.

Aucune protestation ne fut faite, ni à la cour, ni dans la plèbe indigène. Alvez et les autres traitants n'avaient rien à craindre de l'avénement de cette reine Moina. Avec quelques présents, quelques flatteries, ils la soumettraient aisément à leur influence. Donc, l'héritage royal se transmit sans difficultés. Il n'y eut de terreur qu'au harem, et non sans raison.

Les travaux préparatoires des funérailles furent commencés le jour même. A l'extrémité de la grande rue de Kazonndé, coulait un ruisseau profond et torrentueux, affluent du Coango. Ce ruisseau, il s'agissait de le détourner, afin de mettre son lit à sec; c'est dans ce lit que devait être creusée la fosse royale ; après l'ensevelissement, le ruisseau serait rendu à son cours naturel.

Les indigènes s'employèrent activement à construire un barrage qui obligeât le ruisseau à se frayer un lit provisoire à travers la plaine de Kazonndé. Au dernier tableau de la cérémonie funèbre, ce barrage serait rompu, et le torrent reprendrait son ancien lit.

Negoro destinait Dick Sand à compléter le nombre des victimes qui devaient être sacrifiées sur la tombe du roi. Il avait été témoin de l'irrésistible mouvement de colère du jeune novice, lorsque Harris lui avait appris la mort de Mrs. Weldon et du petit Jack. Negoro, lâche coquin, ne se fût pas exposé à subir le même sort que son complice. Mais maintenant, en face d'un prisonnier solidement attaché des pieds et des mains, il supposa qu'il n'avait rien à craindre, et il résolut de lui rendre visite. Negoro était un de ces misérables auxquels il ne suffit pas de torturer leurs victimes ; il faut encore qu'ils jouissent de leurs souffrances.

Il se rendit donc, vers le milieu de la journée, au baracon où Dick Sand était gardé à vue par un havildar ; là, étroitement garrotté, gisait le jeune novice, presque entièrement privé de nourriture depuis vingt-quatre heures, affaibli par les misères passées, torturé par ces liens qui entraient dans ses chairs, pouvant à peine se retourner, attendant la mort, si cruelle qu'elle dût être, comme un terme à tant de maux.

Cependant, à la vue de Negoro, tout son être frémit. Il fit un effort instinctif pour briser les liens qui l'empêchaient de se jeter sur ce misérable et d'en avoir raison. Mais Hercule lui-même ne fût pas parvenu à les rompre. Il comprit que c'était un autre genre de lutte qui allait s'engager entre eux deux, et, s'armant de calme, Dick Sand se borna à regarder Negoro bien en face, décidé à ne pas lui faire l'honneur d'une réponse, quoi qu'il pût dire.

« J'ai cru de mon devoir, lui dit Negoro pour débuter, de venir saluer une dernière fois mon jeune capitaine et de lui faire savoir combien je regrette pour lui qu'il ne commande plus ici comme il commandait à bord du *Pilgrim*. »

Et voyant que Dick Sand ne répondait pas :

« Eh quoi, capitaine, est-ce que vous ne reconnaissez pas votre ancien cuisinier ? Il vient cependant prendre vos ordres et vous demander ce qu'il devra vous servir à votre déjeuner. »

En même temps, Negoro poussait brutalement du pied le jeune novice étendu sur le sol.

« J'aurais en outre, ajouta-t-il, une autre question à vous adresser, mon jeune capitaine. Pourriez-vous enfin m'expliquer comment, voulant accoster le littoral américain, vous êtes venu à bout d'arriver à l'Angola où vous êtes ? »

Dick Sand n'avait certes plus besoin des paroles du Portugais pour comprendre qu'il avait deviné juste, quand il avait enfin reconnu que le compas du *Pilgrim* avait dû être faussé par ce traître. Mais la question de Negoro était un aveu. Il n'y répondit encore que par un méprisant silence.

« Vous avouerez, capitaine, reprit Negoro, qu'il est heureux pour vous qu'il se soit trouvé à bord un marin, un vrai celui-là. Où serions-nous sans lui, grand Dieu! Au lieu de périr sur quelque brisant où la tempête vous aurait jeté, vous êtes arrivé, grâce à lui, dans un port ami, et si c'est à quelqu'un que vous devez d'être enfin en lieu sûr, c'est à ce marin que vous avez eu le tort de dédaigner, mon jeune maître ! »

En parlant ainsi, Negoro, dont le calme apparent n'était que le résultat d'un immense effort, avait approché sa figure de Dick Sand ; sa face, devenue subitement féroce, le touchait de si près, qu'on eût cru qu'il allait le dévorer. La fureur de ce coquin ne put se contenir plus longtemps :

« A chacun son tour! s'écria-t-il soudain dans le paroxysme de la fureur que surexcitait en lui le calme de sa victime. Aujourd'hui, c'est moi qui suis le capitaine, moi qui suis le maître! Ta vie de mousse manqué est dans mes mains.

— Prends-la, lui répondit Sand sans s'émouvoir. Mais sache-le, il est au ciel un Dieu vengeur de tous les crimes, et ta punition n'est pas loin!

— Si Dieu s'occupe des humains, il n'est que temps qu'il s'occupe de toi!

— Je suis prêt à paraître devant le Juge suprême, répondit froidement Dick Sand, et la mort ne me fera pas peur!

— C'est ce que nous verrons! hurla Negoro. Tu comptes peut-être sur un secours quelconque! Un secours à Kazonndé, où Alvez et moi sommes tout-puissants, tu es fou! Tu te dis peut-être que tes compagnons sont encore là, ce vieux Tom et les autres! Détrompe-toi! Il y a longtemps qu'ils sont vendus et partis pour Zanzibar, trop heureux s'ils ne crèvent pas en route!

— Dieu a mille moyens de rendre sa justice, répliqua Dick Sand. Le moindre instrument peut lui suffire. Hercule est libre.

— Hercule! s'écria Negoro en frappant la terre du pied, il y a longtemps qu'il a péri sous la dent des lions et des panthères, et je ne regrette qu'une chose, c'est que ces bêtes féroces aient devancé ma vengeance.

— Si Hercule est mort, répondit Dick Sand, Dingo

est vivant, lui. Un chien comme celui-là, Negoro, c'est plus qu'il n'en faut pour avoir raison d'un homme de ta sorte. Je te connais à fond, Negoro, tu n'es pas brave. Dingo te cherche, il saura te retrouver, tu mourras un jour sous sa dent.

— Misérable ! s'écria le Portugais exaspéré. Misérable ! Dingo est mort d'une balle que je lui ai envoyée ! Il est mort comme mistress Weldon et son fils, mort comme mourront tous les survivants du *Pilgrim !*...

— Et comme tu mourras toi-même avant peu ! » répondit Dick Sand, dont le regard tranquille faisait blêmir le Portugais.

Negoro, hors de lui, fut sur le point de passer de la parole aux gestes et d'étrangler de ses mains son prisonnier désarmé. Déjà il s'était jeté sur lui et il le secouait avec fureur, quand une réflexion soudaine l'arrêta. Il comprit qu'il allait tuer sa victime, que tout serait fini, et que ce serait lui épargner les vingt-quatre heures de torture qu'il lui ménageait. Il se redressa donc, dit quelques mots à l'havildar demeuré impassible, lui recommanda de veiller sévèrement sur le prisonnier, et sortit du baracon.

Au lieu de l'abattre, cette scène avait rendu à Dick Sand toute sa force morale. Son énergie physique en subit l'heureux contre-coup et reprit en même temps le dessus. Negoro, en s'accrochant à lui dans sa rage, avait-il quelque peu desserré les liens qui jusque-là lui avaient rendu tout mouvement impossible? C'est probable, car Dick Sand se rendit compte que ses membres avaient plus de jeu qu'avant l'arrivée de son bourreau. Le jeune novice, se sentant soulagé, se dit qu'il lui serait peut-être possible de dégager ses bras sans trop d'efforts. Gardé comme il l'était dans une prison solidement close, ce ne serait sans doute qu'une gêne, qu'un supplice de moins; mais il est tel moment dans la vie où le plus petit bien-être est inappréciable.

Certes, Dick Sand n'espérait rien. Aucun secours humain n'eût pu lui venir que du dehors, et d'où lui fût-il venu? Il était donc résigné. Pour dire le vrai, il ne tenait même plus à vivre! Il songeait à tous ceux qui l'avaient devancé dans la mort et n'aspirait qu'à les rejoindre. Negoro venait de lui répéter ce que lui avait dit Harris: Mrs. Weldon et le petit Jack avaient succombé! Il n'était que trop vraisemblable, en effet, qu'Hercule, exposé à tant de dangers, avait dû périr, lui aussi, et d'une mort cruelle! Tom et ses compagnons étaient au loin, à jamais perdus pour lui, Dick Sand devait le croire. Espérer autre chose que la fin de ses maux par une mort qui ne pouvait être plus terrible que sa vie, eût été une insigne folie. Il se préparait donc à mourir, s'en remettant à Dieu du surplus, et lui demandant le courage d'aller jusqu'au bout sans faiblesse. Mais c'est une bonne et noble pensée que celle de Dieu. Ce n'est pas en vain qu'on élève son âme jusqu'à Celui qui peut tout, et quand Dick Sand eut fait son sacrifice tout entier, il se trouva que si l'on eût été jusqu'au fond de son cœur, on y eût peut-être découvert une dernière lueur d'espérance, cette lueur qu'un souffle d'en haut peut changer, en dépit de toutes les probabilités, en lumière éclatante.

Les heures s'écoulèrent. La nuit vint. Les rayons du jour qui filtraient à travers le chaume du baracon s'effacèrent peu à peu. Les derniers bruits de la tchitoka, qui, pendant cette journée-là, avait été bien silencieuse, après l'effroyable brouhaha de la veille, ces derniers bruits s'éteignirent. L'ombre se fit, très-profonde à l'intérieur de l'étroite prison. Bientôt tout reposa dans la ville de Kazonndé.

Dick Sand s'endormit d'un sommeil réparateur qui dura deux heures. Après quoi il se réveilla, encore raffermi. Il parvint à dégager de ses liens un de ses bras, déjà un peu dégonflé, et ce fut comme un délice pour lui de pouvoir l'étendre et le détendre à volonté.

La nuit devait être à demi écoulée. L'havildar dormait d'un lourd sommeil dû à une bouteille d'eau-de-vie dont sa main crispée serrait encore le goulot. Le sauvage l'avait vidée jusqu'à la dernière goutte. Dick Sand eut alors l'idée de s'emparer des armes de son geôlier, qui pourraient lui être d'un grand secours en cas d'évasion ; mais il crut, en ce moment, entendre un léger grattement à la partie inférieure de la porte du baracon. S'aidant de son bras, il parvint à ramper jusqu'au seuil sans avoir réveillé l'havildar.

Dick Sand ne s'était pas trompé. Le grattement continuait à se produire, et d'une manière plus distincte. Il semblait que de l'extérieur on fouillât le sol au-dessous de la porte. Était-ce un animal ? était-ce un homme ?

« Hercule ! si c'était Hercule ! » se dit le jeune novice.

Ses yeux se fixèrent sur son gardien ; il était immobile et sous l'influence d'un sommeil de plomb. Dick Sand, approchant ses lèvres du seuil de la porte, crut pouvoir se risquer à murmurer le nom d'Hercule. Un gémissement, tel qu'eût été un aboiement sourd et plaintif, lui répondit.

« Ce n'est pas Hercule, se dit Sand, mais c'est Dingo ! Il m'a senti jusque dans ce baracon ! M'apporterait-il encore un mot d'Hercule ? Mais si Dingo n'est pas mort, Negoro a menti, et peut-être... »

En ce moment, une patte passa sous la porte. Dick Sand la saisit et reconnut la patte de Dingo. Mais, s'il avait un billet, ce billet ne pouvait être attaché qu'à son cou. Comment faire ? Était-il possible d'agrandir assez ce trou pour que Dingo pût y passer la tête ? En tout cas, il fallait l'essayer.

11.

Mais à peine Dick Sand avait-il commencé à creuser le sol avec ses ongles, que des aboiements qui n'étaient pas ceux de Dingo retentissaient sur la place. Le fidèle animal venait d'être dépisté par les chiens indigènes, et il n'eut plus sans doute qu'à prendre la fuite. Quelques détonations éclatèrent. L'havildar se réveilla à moitié. Dick Sand, ne pouvant plus songer à s'évader, puisque l'éveil était donné, dut alors se rouler de nouveau dans son coin, et, après une mortelle attente, il vit reparaître ce jour qui devait être sans lendemain pour lui !

Pendant toute cette journée, les travaux des fossoyeurs furent poussés avec activité. Un grand nombre d'indigènes y prirent part, sous la direction du premier ministre de la reine Moina. Tout devait être prêt à l'heure dite, sous peine de mutilation, car la nouvelle souveraine promettait de suivre de point en point les errements du défunt roi.

Les eaux du ruisseau ayant été détournées, ce fut dans le lit mis à sec que la vaste fosse se creusa à une profondeur de dix pieds, sur cinquante de long et dix de large.

Vers la fin du jour, on commença à la tapisser, au fond et le long des parois, de femmes vivantes, choisies parmi les esclaves de Moini Loungga. D'ordinaire, ces malheureuses sont enterrées toutes vives. Mais, à propos de cette étrange et peut-être miraculeuse mort de Moïni Loungga, il avait été décidé qu'elles seraient noyées près du corps de leur maître [1].

La coutume est aussi que le roi défunt soit revêtu de ses plus riches habits, avant d'être couché dans sa tombe. Mais cette fois, puisqu'il ne restait que quelques os calcinés de la personne royale, il fallut procéder autrement. Un mannequin d'osier fut fabriqué, qui représentait suffisamment, peut-être avantageusement, Moïni Loungga, et on y enferma les débris que la combustion avait épargnés. Le mannequin fut revêtu alors des vêtements royaux, — on sait que cette défroque ne valait pas cher, — et on n'oublia pas de l'orner des fameuses lunettes du cousin Bénédict. Il y avait dans cette mascarade quelque chose d'un comique terrible.

La cérémonie devait se faire aux flambeaux, et avec grand apparat. Toute la population de Kazonndé, indigène ou non, y devait assister.

Lorsque le soir fut venu, un long cortége descendit la principale rue depuis la tchitoka jusqu'au lieu d'inhumation. Cris, danses funèbres, incantations des magi-

---

[1]. On ne se figure pas ce que sont ces horribles hécatombes, lorsqu'il s'agit d'honorer dignement la mémoire d'un puissant chef chez ces tribus du centre de l'Afrique. Cameron dit que plus de cent victimes furent ainsi sacrifiées aux funérailles du père du roi de Kassonngo.

ciens, fracas des instruments, détonations des vieux mousquets de l'arsenal, rien n'y manquait.

José-Antonio Alvez, Coïmbra, Negoro, les traitants arabes, leurs havildars, avaient grossi les rangs du peuple de Kazonndé. Nul n'avait encore quitté le grand lakoni. La reine Moina ne l'aurait pas permis, et il n'eût pas été prudent d'enfreindre les ordres de celle qui s'essayait au métier de souveraine.

Le corps du roi, couché dans un palanquin, était porté aux derniers rangs du cortége. Il était entouré de ses épouses de second ordre, dont quelques-unes allaient l'accompagner au delà de la vie. La reine Moina, en grande tenue, marchait derrière ce qu'on pouvait appeler le catafalque. Il faisait absolument nuit lorsque tout le monde arriva sur les berges du ruisseau; mais les torches de résine, secouées par les porteurs, jetaient sur la foule de grands éclats de lumière.

La fosse apparut distinctement alors. Elle était tapissée de corps noirs, et vivants, car ils remuaient sous les chaînes qui les assujétissaient au sol. Cinquante esclaves attendaient là que le torrent se refermât sur elles, la plupart de jeunes indigènes, les unes résignées et muettes, les autres jetant quelques gémissements.

Les épouses, toutes parées comme pour une fête, et qui devaient périr, avaient été choisies par la reine.

L'une de ces victimes, celle qui portait le titre de seconde épouse, fut courbée sur les mains et sur les genoux, pour servir de fauteuil royal, ainsi qu'elle faisait du vivant du roi, et la troisième épouse vint soutenir le mannequin, pendant que la quatrième se couchait à ses pieds en guise de coussin.

Devant le mannequin, à l'extrémité de la fosse, un poteau, peint de rouge, sortait de terre. A ce poteau était attaché un blanc, qui allait compter, lui aussi, parmi les victimes de ces sanglantes funérailles.

Ce blanc, c'était Dick Sand. Son corps, à demi nu, portait les marques des tortures qu'on lui avait déjà fait subir par ordre de Negoro. Lié à ce poteau, il attendait la mort, en homme qui n'a plus d'espoir qu'en une autre vie !...

Cependant, le moment n'était pas encore arrivé, auquel le barrage devait être rompu.

Sur un signal de la reine, la quatrième épouse, celle qui était placée au pied du roi, fut égorgée par l'exécuteur de Kazonndé, et son sang coula dans la fosse. Ce fut le commencement d'une épouvantable scène de boucherie. Cinquante esclaves tombèrent sous le couteau des égorgeurs. Le lit de la rivière roula des flots de sang.

Pendant une demi-heure, les cris des victimes se mêlèrent aux vociférations des assistants, et l'on eût vainement cherché dans cette foule un sentiment de répulsion ou de pitié!

Enfin, la reine Moina fit un geste, et le barrage, qui retenait les eaux supérieures, commença à s'ouvrir peu à peu. Par un raffinement de cruauté, on laissa filtrer le courant d'amont, au lieu de le précipiter par une rupture instantanée de la digue. La mort lente au lieu de la mort rapide!

L'eau noya d'abord le tapis d'esclaves qui couvrait le fond de la fosse. Il se fit d'horribles soubresauts de ces vivantes qui luttaient contre l'asphyxie. On vit Dick Sand, submergé jusqu'aux genoux, tenter un dernier effort pour rompre ses liens.

Mais l'eau monta. Les dernières têtes disparurent sous le torrent qui reprenait son cours, et rien n'indiqua plus qu'au fond de cette rivière se creusait une tombe où cent victimes venaient de périr en l'honneur du roi de Kazonndé.

La plume se refuserait à peindre de tels tableaux, si le souci de la vérité n'imposait pas le devoir de les décrire dans leur réalité abominable. L'homme en est encore là dans ces tristes pays. Il n'est plus permis de l'ignorer.

CHAPITRE XIII

L'INTÉRIEUR D'UNE FACTORERIE.

Harris et Negoro avaient menti en disant que Mrs. Weldon et le petit Jack étaient morts. Elle, lui et le cousin Bénédict se trouvaient alors à Kazonndé.

Après l'assaut de la fourmilière, ils avaient été entraînés au delà du campement de la Coanza par Harris et Negoro qu'accompagnaient une douzaine de soldats indigènes.

Un palanquin, « la kitanda » du pays, reçut Mrs. Weldon et le petit Jack. Pourquoi ces soins de la part d'un homme tel que Negoro? Mrs. Weldon n'osait se l'expliquer.

La route de la Coanza à Kazonndé se fit rapidement et sans fatigue. Cousin Bénédict, sur qui les misères ne semblaient avoir aucune prise, marchait d'un bon pas. Comme on le laissait butiner à droite et à gauche, il ne songeait point à se plaindre. La petite troupe arriva donc à Kazonndé huit jours avant la caravane d'Ibn Hamis. Mrs. Weldon fut enfermée avec son enfant et cousin Bénédict dans l'établissement d'Alvez.

Il faut se hâter de dire que le petit Jack se trouvait beaucoup mieux. En quittant la contrée marécageuse où il avait gagné la fièvre, son état s'était peu à peu amélioré, et, maintenant, il allait bien. Supporter les fatigues de la caravane, ni sa mère ni lui ne l'auraient pu sans doute. Mais, dans les conditions où s'était fait ce voyage, pendant lequel certains soins ne leur avaient point été refusés, ils se trouvaient dans un état satisfaisant, physiquement du moins.

Quant à ses compagnons, Mrs. Weldon n'en avait plus eu de nouvelles. Après avoir vu Hercule s'enfuir dans la forêt, elle ignorait ce qu'il était devenu. Quant à Dick Sand, puisque Harris et Negoro n'étaient plus là pour le torturer, elle espérait que sa qualité d'homme blanc lui épargnerait peut-être quelque mauvais traitement. Pour Nan, Tom, Bat, Austin, Actéon, c'étaient des noirs, et il était trop certain qu'ils seraient traités comme tels! Pauvres gens, qui n'auraient jamais dû fouler cette terre d'Afrique, et que la trahison venait d'y jeter!

Lorsque la caravane d'Ibn Hamis fut arrivée à Kazonndé, Mrs. Weldon, n'ayant aucune communication avec le dehors, ne put en être instruite.

Les bruits du lakoni ne lui apprirent rien non plus. Elle ne sut pas que Tom et les siens avaient été vendus à un traitant d'Oujiji et qu'ils allaient partir prochainement. Elle ne connut ni le supplice d'Harris, ni la mort du roi Moini Loungga, ni rien des funérailles royales qui avaient joint Dick Sand à tant d'autres victimes. La malheureuse femme se trouvait donc seule à Kazonndé, à la merci des traitants, au pouvoir de Negoro, et, pour lui échapper, elle ne pouvait même pas songer à mourir, puisque son enfant était avec elle!

Le sort qui l'attendait, Mrs. Weldon l'ignorait donc absolument. Pendant toute la durée du voyage de la Coanza à Kazonndé, Harris et Negoro ne lui avaient pas adressé une parole. Depuis son arrivée, elle ne les avait revus ni l'un ni l'autre, et ne pouvait quitter l'enceinte qui fermait l'établissement particulier du riche traitant.

Est-il nécessaire de dire, maintenant, que Mrs. Weldon n'avait trouvé aucune aide dans son grand enfant, cousin Bénédict? Cela se comprend de reste.

Lorsque le digne savant apprit qu'il n'était pas sur le continent américain, comme il le croyait, il ne s'inquiéta pas du tout de savoir comment cela avait pu se faire. Non! Son premier mouvement fut un mouvement de dépit. En effet, ces insectes qu'il s'imaginait avoir été le premier à découvrir en Amérique, ces tsétsés et autres n'étaient que de simples hexapodes africains, que tant de naturalistes avaient trouvés avant lui sur leurs lieux d'origine. Adieu donc la gloire d'attacher son nom à ces découvertes! En effet, que pouvait-il y avoir d'étonnant à ce que cousin Bénédict eût collectionné des insectes africains, puisqu'il était en Afrique!

Mais, le premier dépit passé, cousin Bénédict se dit que la « Terre des Pharaons », — il en était encore à l'appeler ainsi, — possédait d'incomparables richesses entomologiques, et que, pour ne point être sur la « Terre des Incas », il ne perdrait pas au change.

« Eh! se répétait-il, et répétait-il même à Mrs. Weldon, qui ne l'écoutait guère, c'est ici la patrie des manticores, ces coléoptères à longues pattes velues, aux élytres soudées et tranchantes, aux énormes mandibules, et dont la plus remarquable est la manticore tuberculeuse! C'est le pays des calosomes à pointe d'or; des goliaths de Guinée et du Gabon, dont les pattes sont garnies d'épines; des anthidies tachetées.

qui déposent leurs œufs dans la coquille vide des limaçons ; des atenchus sacrés, que les Égyptiens de la haute Égypte vénéraient comme des dieux ! C'est ici que sont nés ces sphinx à tête de mort, maintenant répandus sur toute l'Europe, et ces « Idias Bigoti », dont les Sénégaliens de la côte redoutent particulièrement la piqûre ! Oui ! il y a ici de superbes trouvailles à faire, et je les ferai, si ces braves gens veulent bien le permettre ! »

On sait qui étaient ces « braves gens » dont cousin Bénédict ne songeait aucunement à se plaindre. D'ailleurs, on l'a dit, l'entomologiste avait joui, dans la compagnie de Negoro et d'Harris, d'une demi-liberté, dont Dick Sand l'avait absolument privé pendant le voyage de la côte à la Coanza. Le naïf savant avait été très-touché de cette condescendance.

Enfin, cousin Bénédict eût été le plus heureux des entomologistes, s'il n'avait subi une perte à laquelle il était extrêmement sensible. Il possédait toujours sa boîte de fer-blanc, mais ses lunettes ne se dressaient plus sur son nez, sa loupe ne pendait plus à son cou ! Or, un naturaliste sans loupe et sans lunettes, cela n'existe plus. Cousin Bénédict était pourtant destiné à ne jamais revoir ces deux appareils d'optique, puisqu'ils avaient été ensevelis avec le mannequin royal. Aussi, lorsqu'il trouvait quelque insecte, en était-il réduit à se le fourrer dans les yeux pour en distinguer les particularités les plus élémentaires. Ah! c'était là un gros chagrin pour cousin Bénédict, et il eût payé cher une paire de besicles, mais cet article n'était pas courant sur les lakonis de Kazonndé. Quoi qu'il en soit, cousin Bénédict pouvait aller et venir dans l'établissement de José-Antonio Alvez. On le savait incapable de chercher à s'enfuir. D'ailleurs, une haute palissade séparait la factorerie des autres quartiers de la ville, et elle n'eût pas été facile à franchir.

Mais, s'il était bien entouré, cet enclos ne mesurait pas moins d'un mille de circonférence. Des arbres, des buissons d'essences particulières à l'Afrique, de grandes herbes, quelques ruisseaux, les chaumes des baracons et des huttes, c'était plus qu'il ne fallait pour recéler les plus rares insectes du continent, et faire, sinon la fortune, du moins le bonheur de cousin Bénédict. En fait, il découvrit quelques hexapodes, et faillit même perdre sa vue à vouloir les étudier sans lunettes, mais enfin il accrut sa précieuse collection, et jeta les bases d'un grand ouvrage sur l'entomologie africaine. Que son heureuse étoile lui fît découvrir un insecte nouveau, auquel il attacherait son nom, et il n'aurait plus rien à désirer en ce monde!

Si l'établissement d'Alvez était suffisamment grand pour les promenades scientifiques de cousin Bénédict, il semblait immense au petit Jack, qui pouvait s'y promener en toute liberté. Mais cet enfant recherchait peu les plaisirs si naturels à son âge. Il quittait rarement sa mère, qui n'aimait pas à le laisser seul et redoutait toujours quelque malheur. Le petit Jack parlait souvent de son père, qu'il n'avait pas vu depuis si longtemps! Il demandait à retourner près de lui. Il s'informait de tous, de la vieille Nan, de son ami Hercule, de Bat, d'Austin, d'Actéon ou de Dingo, qui paraissait, lui aussi, l'avoir abandonné. Il voulait revoir son camarade Dick Sand. Sa jeune imagination, très-attendrie, ne vivait que dans ces souvenirs. A ses questions, Mrs. Weldon ne pouvait répondre qu'en le pressant sur sa poitrine, en le couvrant de baisers! Tout ce qu'elle pouvait faire, c'était de ne pas pleurer devant lui!

Cependant, Mrs. Weldon n'avait pas été sans observer que, si les mauvais traitements lui avaient été épargnés pendant le voyage de la Coanza, rien n'indiquait, à l'établissement d'Alvez, que l'on dût changer de conduite à son égard. Il n'y avait plus dans la factorerie que les esclaves au service du traitant. Tous les autres, qui faisaient l'objet de son commerce, avaient été parqués dans les baracons de la tchitoka, puis vendus aux courtiers de l'intérieur. Maintenant, les magasins de l'établissement regorgeaient d'étoffes et d'ivoire, les étoffes destinées à être échangées dans les provinces du centre, l'ivoire à être exporté sur les principaux marchés du continent.

Donc, en somme, peu de monde à la factorerie. Mrs. Weldon occupait avec Jack une hutte à part; cousin Bénédict, une autre. Ils ne communiquaient point avec les serviteurs du traitant. Ils mangeaient en commun. La nourriture, viande de chèvre ou de mouton, légumes, manioc, sorgho, fruits du pays, était suffisante. Halima, une jeune esclave, spécialement au service de Mrs. Weldon, lui témoignait même, à sa manière et comme elle le pouvait, une sorte d'affection sauvage, mais certainement sincère.

Mrs. Weldon voyait à peine Jose-Antonio Alvez, qui occupait la maison principale de la factorerie, et ne voyait pas du tout Negoro, logé au dehors, dont l'absence était assez inexplicable. Cette réserve ne cessait de l'étonner et de l'inquiéter à la fois.

« Que veut-il? Qu'attend-il? se demandait-elle. Pourquoi nous avoir entraînés à Kazonndé! »

Ainsi s'étaient écoulés les huit jours qui précédèrent l'arrivée de la caravane d'Ibn Hamis, c'est-à-dire les deux jours avant la cérémonie des funérailles, et enfin les six jours qui suivirent.

Au milieu de tant d'anxiétés, Mrs. Weldon ne pouvait oublier que son mari devait être en proie au plus affreux désespoir, en ne voyant revenir ni sa femme ni son fils à San-Francisco. Mr. Weldon ne pouvait savoir que sa femme avait eu cette idée funeste de prendre passage à bord du *Pilgrim*, et il devait croire qu'elle s'était embarquée sur l'un des steamers de la compagnie transpacifique. Or, ces steamers arrivaient régulièrement, et ni Mrs. Weldon, ni Jack, ni cousin Bénédict ne s'y trouvaient. En outre, le *Pilgrim* lui-même aurait déjà dû être de retour au port. Or, il ne reparaissait pas, et James W. Weldon devait maintenant le ranger dans la catégorie des navires supposés perdus par absence de nouvelles. Et quel coup terrible, le jour où il avait dû recevoir de ses correspondants d'Auckland avis du départ du *Pilgrim* et de l'embarquement de Mrs. Weldon. Qu'avait-il fait ? Avait-il refusé de croire que son fils et elle eussent péri en mer ? Mais alors, où devait-il pousser ses recherches ? Évidemment sur les îles du Pacifique, peut-être sur le littoral américain. Mais jamais, non, jamais, il ne lui viendrait cette pensée qu'elle avait pu être jetée sur la côte de cette funeste Afrique ?

Ainsi songeait Mrs. Weldon. Mais que pouvait-elle tenter? Fuir? Comment? On la surveillait de près! Et puis, fuir, c'était s'aventurer dans ces épaisses forêts, au milieu de mille dangers, tenter un voyage de plus de deux cents milles pour atteindre la côte! Et cependant, Mrs. Weldon était décidée à le faire, si aucun autre moyen ne lui était offert de recouvrer sa liberté. Mais, auparavant, elle voulait connaître au juste les desseins de Negoro.

Elle les connut enfin.

Le 6 juin, trois jours après l'enterrement du roi de Kazonndé, Negoro entra dans la factorerie, où il n'avait pas encore mis le pied depuis son retour, et il alla droit à la hutte occupée par sa prisonnière.

Mrs. Weldon était seule. Cousin Bénédict faisait une de ses promenades scientifiques. Le petit Jack, sous la surveillance de l'esclave Halima, se promenait dans l'enceinte de l'établissement.

Negoro poussa la porte de la hutte, et sans autre préambule :

« Mistress Weldon, dit-il, Tom et ses compagnons ont été vendus pour les marchés d'Oujiji.

— Dieu les protége! dit Mrs. Weldon en essuyant une larme.

— Nan est morte en route, Dick Sand a péri...

— Nan morte! Et Dick!... s'écria Mrs. Weldon.

— Oui, il était juste que votre capitaine de quinze ans payât de sa vie le meurtre d'Harris, reprit Negoro. Vous êtes seule, à Kazonndé, mistress, seule au pouvoir de l'ancien cuisinier du *Pilgrim*, absolument seule, entendez-vous ! »

Ce que disait Negoro n'était que trop vrai, même en ce qui concernait Tom et les siens. Le vieux noir, son fils Bat, Actéon et Austin étaient partis la veille avec la caravane du traitant d'Oujiji, sans avoir eu la consolation de revoir Mrs. Weldon, sans même savoir que leur compagne de misère se trouvait à Kazonndé, dans l'établissement d'Alvez. Ils étaient partis pour la contrée des lacs, un voyage qui se chiffre par centaines de milles, que bien peu accomplissent et dont bien peu reviennent!

« Eh bien! murmura Mrs. Weldon, regardant Negoro sans répondre.

— Mistress Weldon, reprit le Portugais d'une voix brève, je pourrais me venger sur vous des mauvais traitements que j'ai subis à bord du *Pilgrim!* Mais la mort de Dick Sand suffira à ma vengeance! Maintenant, je redeviens marchand, et voici quels sont mes projets à votre égard! »

Mrs. Weldon le regardait toujours sans prononcer une parole.

« Vous, reprit le Portugais, votre enfant et cet

imbécile qui court après des mouches, vous avez une valeur commerciale que je prétends utiliser. Aussi, je vais vous vendre!

— Je suis de race libre, répondit Mrs. Weldon d'un ton ferme.

— Vous êtes une esclave, si je le veux.

— Et qui achèterait une blanche?

— Un homme qui la payera ce que je lui en demanderai! »

Mrs. Weldon baissa un instant la tête, car elle savait que tout était possible dans cet affreux pays.

« Vous m'avez entendu? reprit Negoro.

— Quel est cet homme à qui vous prétendez me vendre? répondit Mrs. Weldon.

— Vous vendre ou vous revendre!... Du moins, je le suppose! ajouta le Portugais en ricanant.

— Le nom de cet homme? demanda Mrs. Weldon.

— Cet homme... c'est James W. Weldon, votre mari!

— Mon mari! s'écria Mrs. Weldon, qui ne pouvait croire ce qu'elle venait d'entendre.

— Lui-même, mistress Weldon, votre mari, à qui je veux, non pas rendre, mais faire payer sa femme, son enfant, et son cousin par-dessus le marché! »

Mrs. Weldon se demanda si Negoro ne lui tendait pas un piége. Cependant, elle crut comprendre qu'il parlait très-sérieusement. A un misérable pour qui l'argent est tout, il semble qu'on pourrait se fier, quand il s'agit d'une affaire. Or, ceci était une affaire.

« Et quand vous proposez-vous de faire cette opération ? reprit Mrs Weldon.

— Le plus tôt possible.

— Où ?

— Ici même. James Weldon n'hésitera certes pas à venir jusqu'à Kazonndé chercher sa femme et son fils.

— Non ! il n'hésitera pas ! — Mais qui le préviendra ?

— Moi ! J'irai à San-Francisco trouver James Weldon. L'argent ne me manquera pas pour ce voyage.

— L'argent volé à bord du *Pilgrim* ?

— Oui... celui-là... et d'autre encore, répondit impudemment Negoro. Mais, si je veux vous vendre vite, je veux aussi vous vendre cher. Je pense que James Weldon ne regardera pas à cent mille dollars...

— Il n'y regardera pas, s'il peut les donner, répondit froidement Mrs. Weldon. Seulement, mon mari, à qui vous direz sans doute que je suis retenue prisonnière à Kazonndé, dans l'Afrique centrale...

— Précisément !

— Mon mari ne vous croira pas sans preuves, et il ne sera pas assez imprudent pour venir sur votre seule parole à Kazonndé.

— Il y viendra, reprit Negoro, si je lui apporte une lettre écrite par vous, qui lui dira votre situation, qui me peindra comme un serviteur fidèle, échappé des mains de ces sauvages...

— Jamais ma main n'écrira cette lettre! répondit plus froidement encore Mrs. Weldon.

— Vous refusez? s'écria Negoro.

— Je refuse! »

La pensée des dangers que courrait son mari en venant jusqu'à Kazonndé, le peu de fonds qu'il fallait faire sur les promesses du Portugais, la facilité qu'aurait celui-ci de retenir James Weldon, après avoir touché la rançon convenue, toutes ces raisons firent que, dans un premier mouvement, Mrs. Weldon, ne voyant qu'elle, oubliant jusqu'à son enfant, refusa net la proposition de Negoro.

« Vous écrirez cette lettre!.. reprit celui-ci.

— Non... répondit encore Mrs. Weldon.

— Ah! prenez garde! s'écria Negoro. Vous n'êtes pas seule ici! Votre enfant est, comme vous, en mon pouvoir, et je saurai bien!.. »

Mrs. Weldon aurait voulu répondre que cela lui

eût été impossible. Son cœur battait à se rompre ; elle était sans voix.

« Mistress Weldon! dit Negoro, vous réfléchirez à l'offre que je vous ai faite. Dans huit jours, vous m'aurez remis une lettre à l'adresse de James Weldon ou vous vous en repentirez! »

Et, cela dit, le Portugais se retira, sans avoir donné cours à sa colère ; mais il était aisé de voir que rien ne l'arrêterait pour contraindre Mrs. Weldon à lui obéir.

CHAPITRE XIV

QUELQUES NOUVELLES DU DOCTEUR LIVINGSTONE

Mrs. Weldon, demeurée seule, ne s'attacha, tout d'abord, qu'à cette pensée, c'est que huit jours s'écouleraient avant que Negoro ne revînt lui demander une réponse définitive. C'était le temps de réfléchir et de prendre un parti. De la probité du Portugais, il ne pouvait être question, mais de son intérêt. La « valeur marchande » qu'il attribuait à sa prisonnière devait évidemment sauvegarder celle-ci, et la prémunir, momentanément au moins, contre toute tentative qui pourrait la mettre en danger. Peut-être trouverait-elle un moyen terme qui lui permettrait d'être rendue à son mari, sans que James Weldon fût obligé de venir à Kazonndé. Sur une lettre de sa femme, elle le savait bien, James Weldon partirait, il braverait les périls de ce voyage dans les plus dangereuses contrées de l'Afrique. Mais, une fois à Kazonndé, lorsque Negoro aurait entre les mains cette fortune de cent mille dollars, quelle garantie James W. Weldon, sa femme, son enfant, cousin Bénédict, auraient-ils qu'on les laisserait repartir? Un caprice de la reine Moina ne pouvait-il les en empêcher? Cette « livraison » de Mrs. Weldon et des siens ne se ferait-elle pas dans de meilleures conditions, si elle s'opérait à la côte, en un point déterminé, ce qui épargnerait à James W. Weldon et les dangers du voyage à l'intérieur, et les difficultés, pour ne pas dire les impossibilités, du retour?

C'est à quoi réfléchissait Mrs. Weldon. C'est pourquoi elle avait refusé tout d'abord d'accéder à la proposition de Negoro et de lui donner une lettre pour son mari. Elle pensa aussi que si Negoro avait remis sa seconde visite à huit jours, c'était sans doute parce qu'il lui fallait ce temps pour préparer son voyage, sinon il fût revenu plus vite lui forcer la main.

« Voudrait-il véritablement me séparer de mon enfant? » murmura-t-elle.

En ce moment, Jack entra dans la hutte, et, par un

mouvement instinctif, sa mère le saisit, comme si Negoro eût été là prêt à le lui arracher.

« Tu as un gros chagrin, mère? demanda le petit garçon.

— Non, mon Jack, non! répondit Mrs. Weldon. Je pensais à ton papa! Tu serais bien aise de le revoir?

— Oh! oui, mère! Est-ce qu'il va venir?

— Non... non! Il ne faut pas qu'il vienne!

— Alors, nous irons le retrouver?

— Oui, mon Jack!

— Avec mon ami Dick... et Hercule... et le vieux Tom?

— Oui... oui!... répondit Mrs. Weldon, en baissant la tête pour cacher ses larmes.

— Est-ce que papa t'a écrit? demanda le petit Jack.

— Non, mon chéri.

— Alors, tu vas lui écrire, mère?

— Oui... oui... peut-être!.... » répondit Mrs. Weldon.

Et, sans le savoir, le petit Jack intervenait directement dans la pensée de sa mère, qui, pour ne pas lui répondre autrement, le couvrit de baisers.

Il convient de dire maintenant qu'aux divers motifs qui avaient poussé Mrs. Weldon à résister aux injonctions de Negoro, se joignait un autre motif, qui n'était pas sans valeur. Mrs. Weldon avait peut-être une chance très-inattendue d'être rendue à la liberté sans l'intervention de son mari et même contre le gré de Negoro. Ce n'était qu'une lueur d'espoir, bien vague encore, mais c'en était une.

En effet, quelques mots d'une conversation, surpris par elle plusieurs jours auparavant, lui avaient fait entrevoir un secours possible dans un terme rapproché, on pourrait dire un secours providentiel.

Alvez et un métis d'Oujiji causaient à quelques pas de la hutte qu'occupait Mrs. Weldon. On ne s'étonnera guère que le sujet de la conversation de ces estimables négociants fût précisément la traite des noirs. Les deux courtiers de chair humaine parlaient affaires. Ils discutaient l'avenir réservé à leur commerce et s'inquiétaient des efforts que faisaient les Anglais pour le détruire, non-seulement à l'extérieur, par les croisières, mais à l'intérieur du continent par leurs missionnaires et leurs voyageurs.

José-Antonio Alvez trouvait que les explorations de ces hardis pionniers ne pouvaient que nuire à la liberté des opérations commerciales. Son interlocuteur partageait absolument sa manière de voir, et pensait que tous ces visiteurs, civils ou religieux, devraient être reçus à coups de fusil.

C'était bien un peu ce qui se faisait; mais, au grand déplaisir des négociants, si l'on tuait quelques-uns de ces curieux, il en passait quelques autres. Or, ceux-ci, de retour dans leur pays, racontaient « en exagérant », disait Alvez, les horreurs de la traite, et cela nuisait énormément à ce commerce, beaucoup trop déconsidéré déjà.

Le métis en convenait et le déplorait, surtout en ce qui concernait les marchés de N'yangwé, d'Oujiji, de Zanzibar et de toute la région des grands lacs. Là étaient successivement venus Speke, Grant, Livingstone, Stanley et autres. C'était un envahissement! Bientôt, toute l'Angleterre et toute l'Amérique auraient occupé la contrée!

Alvez plaignait sincèrement son confrère, et il avouait que les provinces de l'Afrique occidentale avaient été jusqu'ici moins maltraitées, c'est-à-dire moins visitées; mais l'épidémie de voyageurs commençait à se répandre. Si Kazonndé avait été épargnée, il n'en était pas ainsi de Cassange et de Bihé, où Alvez possédait des factoreries. On se rappelle même qu'Harris avait parlé à Negoro d'un certain lieutenant Cameron qui pourrait bien avoir l'outrecuidance de traverser l'Afrique d'une côte à l'autre, et, après y être entré par Zanzibar, d'en sortir par l'Angola.

Le traitant avait raison de craindre, en effet, et l'on sait que, quelques années après, Cameron au sud, Stanley au nord, allaient explorer ces provinces peu connues de l'ouest, décrire les monstruosités permanentes de la traite, dévoiler les complicités coupables des agents étrangers, et en faire retomber la responsabilité sur qui de droit.

Cette exploration de Cameron et de Stanley, ni Alvez ni le métis n'en pouvaient rien connaître encore; mais, ce qu'ils savaient, ce qu'ils dirent, ce que Mrs. Weldon entendit, et ce qui était d'un si grand intérêt pour elle, en un mot, ce qui l'avait soutenue dans son refus de souscrire immédiatement aux demandes de Negoro, c'était ceci :

Avant peu, très-probablement, le docteur David Livingstone arriverait à Kazonndé.

Or, l'arrivée de Livingstone avec son escorte, la grande influence dont le grand voyageur jouissait en Afrique, le concours des autorités portugaises de l'Angola qui ne pouvait lui manquer, cela pouvait amener la mise en liberté de Mrs. Weldon et des siens, malgré Negoro, malgré Alvez! C'était peut-être leur rapatriement dans un délai rapproché, et sans que James W. Weldon eût eu à risquer sa vie dans un voyage dont le résultat ne pouvait qu'être déplorable.

Mais y avait-il quelque probabilité que le docteur Livingstone dût prochainement visiter cette partie du continent? Oui, car, en suivant cet itinéraire, il allait compléter l'exploration de l'Afrique centrale

On sait quelle a été l'existence héroïque du fils du petit marchand de thé de Blantyre, village du comté de Lanark. Né le 13 mars 1813, David Livingstone, le second de six enfants, devenu à force d'études théologien et médecin, après avoir fait son noviciat dans la « London missionary Society », débarquait au Cap en 1840, avec l'intention de rejoindre le missionnaire Moffat dans l'Afrique méridionale.

Du Cap, le futur voyageur se rendit au pays des Béchuanas qu'il explora pour la première fois, revint à Kuruman, épousa la fille de Moffat, cette vaillante compagne qui devait être digne de lui, et, en 1843, il fondait une mission dans la vallée de Mabotsa.

Quatre ans plus tard, on le retrouve établi à Kolobeng, deux cent vingt-cinq milles au nord de Kuruman, dans la contrée des Béchuanas.

Deux ans après, en 1849, Livingstone quittait Kolobeng avec sa femme, ses trois enfants, et deux amis, MM. Oswell et Murray. Le 1ᵉʳ août de la même année, il découvrait le lac N'gami, et revenait à Kolobeng, en descendant le cours du Zouga.

Pendant ce voyage, Livingstone, arrêté par le mauvais vouloir des indigènes, n'avait pu dépasser le N'gami. Une seconde tentative ne fut pas plus heureuse. Une troisième devait réussir. Reprenant alors la route du nord avec sa famille et M. Oswell, après des misères effroyables, manque de vivres, manque d'eau, qui pensèrent lui coûter la vie de ses enfants, il atteignait, le long du Chobé, affluent du Zambèze, le pays des Makalolos. Leur chef, Sébituané, le rejoignait Linyanti. A la fin de juin 1851, le Zambèze était découvert, et le docteur revenait au Cap pour rapatrier sa famille en Angleterre.

En effet, l'intrépide Livingstone voulait être seul à risquer sa vie dans l'audacieux voyage qu'il allait entreprendre.

Il s'agissait, cette fois, en partant du Cap, de traverser obliquement l'Afrique du sud à l'ouest, de manière à gagner Saint-Paul de Loanda.

Le docteur partit avec quelques indigènes, le 3 juin 1852. Il arriva à Kuruman et longea le désert du Kalahari. Le 31 décembre, il entrait à Litoubarouba et retrouvait le pays des Béchuanas ravagé par les Boers, anciens colons hollandais, qui étaient maîtres du Cap avant la prise de possession qui fut faite par les Anglais.

Livingstone quitta Litoubarouba le 15 janvier 1853, pénétra au centre du pays des Bamangouatos, et, le 23 mai, il arriva à Linyanti, où le jeune souverain des Makalolos, Sékélétou, le reçut avec grand honneur.

Là, le docteur, retenu par des fièvres intenses,

s'adonna à étudier les mœurs de la contrée, et, pour la première fois, il put constater les ravages que faisait la traite en Afrique.

Un mois après, il descendait le cours du Chobé, atteignait le Zambèze, entrait à Naniélé, visitait Katonga et Libonta, arrivait au confluent du Zambèze et du Leeba, formait le projet de remonter par ce cours d'eau jusqu'aux possessions portugaises de l'ouest, et revenait, pour s'y préparer, à Linyanti, après neuf semaines d'absence.

Le 11 novembre 1853, le docteur, accompagné de vingt-sept Makalolos, quitta Linyanti, et, le 27 décembre, il atteignit l'embouchure du Leeba. Ce cours d'eau fut remonté jusqu'au territoire des Balondas, là où il reçoit le Makondo, qui vient de l'est. C'était la première fois qu'un homme blanc pénétrait dans cette région.

Le 14 janvier, Livingstone entrait à la résidence de Shinté, le plus puissant souverain des Balondas, qui lui faisait bon accueil, et, le 26 du même mois, après avoir traversé le Leeba, il arrivait chez le roi Katéma. Là, bonne réception encore, et départ de la petite troupe, qui, le 20 février, campa sur les bords du lac Dilolo.

A partir de ce point, pays difficile, exigences des indigènes, attaques des tribus, révolte de ses compagnons, menaces de mort, tout conspira contre Livingstone, et un homme moins énergique eût abandonné la partie. Le docteur résista, et, le 4 avril, il atteignait les rives du Coango, vaste cours d'eau qui forme la frontière est des possessions portugaises, et va se jeter au nord dans le Zaïre.

Six jours après, Livingstone entrait à Cassange, où le traitant Alvez l'avait vu à son passage, et, le 31 mai, il arrivait à Saint-Paul de Loanda. Pour la première fois et après deux ans de voyage, l'Afrique venait d'être obliquement traversée du sud à l'ouest.

Ce fut le 24 septembre de la même année que David Livingstone quitta Loanda. Il longea la rive droite de cette Coanza qui avait été si funeste à Dick Sand et aux siens, parvint au confluent du Lombé, croisant de nombreuses caravanes d'esclaves, repassa par Cassange, en partit le 20 février, traversa le Coango et atteignit le Zambèze à Kawawa. Le 8 juin, il retrouvait le lac Dilolo, revoyait Shinté, descendait le Zambèze et rentrait à Linyanti, qu'il quittait le 3 novembre 1855.

Cette seconde partie du voyage, qui allait ramener le docteur vers la côte orientale, devait lui faire achever complétement cette traversée de l'Afrique de l'ouest à l'est.

Après avoir visité les fameuses chutes Victoria, la « fumée tonnante », David Livingstone abandonna le Zambèze pour prendre la direction du nord-est. Passage à travers le territoire des Batokas, indigènes abrutis par l'inhalation du chanvre, visite à Séma- lembooué, chef puissant de la région, traversée du Kafoué, reprise du Zambèze, visite au roi Mbou- rouma, vue des ruines de Zumbo, ancienne ville portugaise, rencontre du chef Mpendé, le 17 jan- vier 1856, alors en guerre avec les Portugais, enfin arrivée à Tété, sur les bords du Zambèze, le 2 mars, tels furent les principales étapes de cet itinéraire. Le 22 avril, Livingstone quittait cette station, riche autrefois, descendait jusqu'au delta du fleuve, et arrivait à Quilimané, à son embouchure, le 20 mai, quatre ans après avoir quitté le Cap. Le 12 juillet, il s'embarquait pour Maurice, et, le 22 décembre, il était de retour en Angleterre, après seize ans d'ab- sence.

Prix de la Société de Géographie de Paris, grande médaille de la Société de Géographie de Londres, réceptions brillantes, rien ne manqua à l'illustre voyageur. Un autre eût peut-être pensé que le repos lui était bien dû. Le docteur ne le pensa pas, et, parti le 1er mars 1858, accompagné de son frère Charles, du capitaine Bedindfield, des docteurs Kirk et Meller, de MM. Thornton et Baines, il arriva en mai sur la côte de Mozambique, ayant pour objectif de reconnaître le bassin du Zambèze.

Tous ne devaient pas revenir de ce voyage.

Un petit steamer, le *Ma-Robert,* permit aux explorateurs de remonter le grand fleuve par la bouche de Kongoné. Ils arrivèrent à Tété le 8 septembre. Reconnaissance du bas cours du Zambèze et du Chiré, son affluent de gauche, en janvier 1859, visite du lac Chiroua en avril, exploration du territoire des Manganjas, découverte du lac Nyassa, le 10 septembre, retour aux chutes Victoria le 9 août 1860, arrivée de l'évêque Mackensie et de ses missionnaires à l'embouchure du Zambèze le 31 janvier 1861, exploration du Rovouma sur le *Pionnier* en mars, retour au lac Nyassa en septembre 1861, et résidence jusqu'à la fin d'octobre; arrivée, le 30 janvier 1862, de Mme Livingstone et d'un second steamer, le *Lady Nyassa,* tels furent les faits qui marquèrent les premières années de cette nouvelle expédition. A ce moment, l'évêque Mackensie et l'un des missionnaires avaient déjà succombé aux intempéries du climat, et, le 27 avril, Mme Livingstone mourait dans les bras de son mari.

En mai, le docteur tenta une seconde reconnaissance du Rovouma; puis, à la fin de novembre, il rentrait dans le Zambèze, remontait le Chiré, perdait, en avril 1863, son compagnon Thornton, renvoyait en Europe son frère Charles et le docteur Kirk, épuisés par les maladies, et le 10 novembre, pour la troisième fois, il revoyait le Nyassa, dont il complétait l'hydrographie. Trois mois après, il se retrouvait à l'embouchure du Zambèze, passait à Zanzibar, et, le 20 juillet 1864, après cinq ans d'absence, il arrivait à Londres, où il publiait son ouvrage intitulé : *Exploration du Zambèze et de ses affluents.*

Le 28 janvier 1866, Livingstone débarquait de nouveau à Zanzibar. C'était son quatrième voyage qui commençait!

Le 8 août, après avoir assisté aux horribles scènes que provoquait la traite des esclaves dans cette contrée, le docteur, n'emmenant, cette fois, que quelques cipayes et quelques nègres, se retrouvait à Mokalaosé, sur les bords du Nyassa. Six semaines plus tard, la plupart des hommes de l'escorte prenaient la fuite, revenaient à Zanzibar, et y répandaient faussement le bruit de la mort de Livingstone.

Lui, cependant, ne reculait pas. Il voulait visiter le pays compris entre le Nyassa et le lac Tanganyika. Le 10 décembre, guidé par quelques indigènes, il traversa la rivière Loangoua, et, le 2 avril 1867, il découvrit le lac Liemmba. Là, il resta un mois entre la vie et la mort. A peine rétabli, le 30 août, il atteignit le lac Moéro, dont il visita la rive septentrionale, et, le 21 novembre, il entrait dans la ville de Cazembé, où il demeura quarante jours, pendant lesquels il renouvela deux fois son exploration du lac Moéro.

De Cazembé, Livingstone pointa vers le nord, dans le dessein d'atteindre l'importante ville d'Oujiji, sur le Tanganyika. Surpris par des crues, abandonné de ses guides, il dut revenir à Cazembé, redescendit au sud, le 6 juin, et, six semaines après, gagna le grand lac Bangouéolo. Il y resta jusqu'au 9 août et chercha alors à remonter vers le Tanganyika.

Quel voyage! A partir du 7 janvier 1869, la faiblesse de l'héroïque docteur était telle qu'il fallait le porter. En février, il atteignit enfin le lac et arriva à Oujiji, où il trouvait quelques objets envoyés à son adresse par la compagnie orientale de Calcutta.

Livingstone n'avait plus qu'une idée alors, gagner les sources ou la vallée du Nil en remontant le Tanganyika. Le 21 septembre, il était à Bambarré, dans le Manyouéma, contrée des cannibales, et arrivait au Loualâba, — ce Loualâba que Cameron allait soupçonner et Stanley découvrir n'être que le haut Zaïre ou Congo. A Mamohéla, le docteur fut quatre-vingts jours malade, n'ayant que trois serviteurs. Le 21 juillet 1871, il repartait enfin pour le Tanganyka, et, le 23 octobre seulement, il rentrait à Oujiji. Ce n'était plus qu'un squelette.

Cependant, avant cette époque, on était depuis longtemps sans nouvelles du voyageur. En Europe, on pouvait le croire mort. Lui-même avait presque perdu l'espoir d'être jamais secouru.

Onze jours après sa rentrée à Oujiji, le 3 novembre, des coups de fusil éclatent à un quart de mille du lac. Le docteur arrive. Un homme, un blanc, est devant lui.

« Le docteur Livingstone, je présume?

— Oui », répondit celui-ci en soulevant sa casquette, et avec un bienveillant sourire.

Leurs mains se serrèrent avec effusion.

« Je remercie Dieu, reprit l'homme blanc, de ce qu'il m'a permis de vous rencontrer.

— Je suis heureux, dit Livingstone, d'être ici pour vous recevoir. »

Le blanc était l'Américain Stanley, reporter du *New-York Herald*, que M. Bennett, directeur du journal, venait d'envoyer à la recherche de David Livingstone.

Au mois d'octobre 1870, cet Américain, sans

une hésitation, sans une phrase, simplement, en héros, s'était embarqué à Bombay pour Zanzibar, et, reprenant à peu près l'itinéraire de Speke et Burton, après des misères sans nombre, sa vie plusieurs fois menacée, il arrivait à Oujiji.

Les deux voyageurs, devenus deux amis, firent alors une expédition au nord du Tanganyika. Ils s'embarquèrent, poussèrent jusqu'au cap Magala, et, après une minutieuse exploration, furent d'avis que le grand lac avait pour déversoir un affluent du Loualàba. C'est ce que Cameron et Stanley lui-même allaient absolument déterminer quelques années après. Le 12 décembre, Livingstone et son compagnon étaient de retour à Oujiji.

Stanley se prépara à partir. Le 27 décembre, après huit jours de navigation, le docteur et lui arrivèrent à Ourimba, puis, le 23 février, ils entraient à Kouihara.

Le 12 mars fut le jour des adieux.

« Vous avez accompli, dit le docteur à son compagnon, ce que peu d'hommes auraient fait, et beaucoup mieux que certains grands voyageurs. Je vous en suis bien reconnaissant. Dieu vous conduise, mon ami, et qu'il vous bénisse !

— Puisse-t-il, dit Stanley, s'emparant de la main de Livingstone, vous ramener sain et sauf parmi nous, cher docteur. »

Stanley s'arracha vivement à cette étreinte, et se détourna pour ne pas montrer ses larmes.

« Adieu, docteur, cher ami, dit-il, d'une voix étouffée.

— Adieu! » répondit faiblement Livingstone.

Stanley partit, et, le 12 juillet 1872, il débarquait à Marseille.

Livingstone allait reprendre ses recherches. Le 25 août, après cinq mois passés à Koulhara, accompagné de ses domestiques noirs, Souzi, Chouma et Amoda, de deux autres serviteurs, de Jacob Wainwright, et de cinquante-six hommes envoyés par Stanley, il se dirigea vers le sud du Tanganyika.

Un mois après, la caravane arrivait à M'oura, au milieu d'orages provoqués par une sécheresse extrême. Puis vinrent les pluies, le mauvais vouloir des indigènes, la perte des bêtes de somme, tombant sous les piqûres de la tsétsé. Le 24 janvier 1873, la petite troupe était à Tchitounkoué. Le 27 avril, après avoir contourné à l'est le lac Bangouéolo, elle se dirigeait vers le village de Tchitambo.

Voilà le point où quelques traitants avaient laissé Livingstone. Voilà ce que savaient par eux Alvez et son collègue d'Oujiji. On était très-sérieusement fondé à croire que le docteur, après avoir exploré le sud du lac, s'aventurerait à travers le Loanda, et viendrait chercher dans l'ouest des contrées inconnues. De là à remonter vers l'Angola, à visiter ces régions infestées par la traite, à pousser jusqu'à Kazonndé, l'itinéraire semblait tout indiqué, et il était vraisemblable que Livingstone le suivrait.

C'est donc sur l'arrivée prochaine du grand voyageur que pouvait compter Mrs. Weldon, puisqu'au commencement de juin, il y avait plus de deux mois qu'il devait avoir atteint le sud du lac Bangouéolo.

Or, le 13 juin, la veille du jour où Negoro devait revenir réclamer à Mrs. Weldon la lettre qui devait mettre cent mille dollars entre ses mains, une triste nouvelle se répandit, dont Alvez et les traitants n'eurent qu'à se réjouir.

Le 1er mai 1873, à l'aube naissante, le docteur David Livingstone était mort !

En effet le 29 avril, la petite caravane avait atteint le village de Tchitambo, au sud du lac. On y apportait le docteur sur une civière. Le 30, dans la nuit, « sous l'influence d'une douleur excessive, il exhala cette plainte qu'on entendit à peine. « Oh ! dear ! dear ! » et il retomba dans l'assoupissement.

Au bout d'une heure, il rappelait son serviteur Souzi, demandait quelques médicaments, puis murmurait d'une voix faible :

« C'est bien ! Maintenant, vous pouvez vous en aller. »

Vers quatre heures du matin, Souzi et cinq hommes de l'escorte entraient dans la hutte du docteur.

David Livingstone, agenouillé près de son lit, la tête appuyée sur les mains, semblait être en prière.

Souzi lui posa doucement le doigt sur la joue : elle était froide.

David Livingstone n'était plus.

Neuf mois après, son corps, transporté par ses fidèles serviteurs au prix de fatigues inouïes, arrivait à Zanzibar, et, le 12 avril 1874, il était inhumé dans l'abbaye de Westminster, au milieu de ceux de ses grands hommes que l'Angleterre honore à l'égal de ses rois.

CHAPITRE XV

OU PEUT CONDUIRE UNE MANTICORE.

A quelle planche de salut un malheureux ne se raccroche-t-il pas! Quelle lueur d'espoir, si vague qu'elle soit, les yeux du condamné ne cherchent-ils pas à surprendre!

Il en avait été ainsi de Mrs. Weldon, et l'on comprendra ce qu'elle dut éprouver, lorsqu'elle apprit, de la bouche même d'Alvez, que le docteur Livingstone venait de succomber dans un petit village du Bangouéolo. Il lui sembla qu'elle était plus isolée que jamais, qu'une sorte de lien qui la rattachait au voyageur, et avec lui au monde civilisé, venait de se rompre. La planche de salut fuyait sous sa main, la lueur d'espoir s'éteignait à ses yeux. Tom et ses compagnons avait quitté Kazonndé pour la région des lacs. D'Hercule, pas la moindre nouvelle. Mistress Weldon ne pouvait décidément compter sur personne... Il lui fallait donc en revenir à la proposition de Negoro, en essayant de l'amender et d'en assurer le résultat définitif.

Le 14 juin, au jour fixé par lui, Negoro se présentait à la hutte de Mrs. Weldon.

Le Portugais fut, comme toujours, ainsi qu'il le disait, parfaitement pratique. Il n'eut rien à céder d'ailleurs sur l'importance de la rançon que sa prisonnière ne discuta même pas. Mais Mrs. Weldon se montra très-pratique aussi en lui disant :

« Si vous voulez faire une affaire, ne la rendez pas impossible par des conditions inacceptables. L'échange de notre liberté contre la somme que vous exigez peut s'obtenir sans que mon mari vienne dans un pays où vous voyez ce qu'on peut faire d'un blanc ! Or, à aucun prix je ne veux qu'il y vienne ! »

Après quelque hésitation, Negoro se rendit, et Mrs. Weldon finit pas obtenir que James Weldon ne s'aventurerait pas jusqu'à Kazonndé. Un navire le déposerait à Mossamédès, petit port de la côte au sud de l'Angola, ordinairement fréquenté par les négriers et très-connu de Negoro. C'est là que le Portugais amènerait James W. Weldon, et, à une époque déterminée, les agents d'Alvez y conduiraient Mrs. Weldon, Jack et le cousin Bénédict. La somme serait versée à ces agents contre la remise des prisonniers, et Negoro, qui aurait joué vis-à-vis de James Weldon le rôle d'un parfait honnête homme, disparaîtrait à l'arrivée du navire.

C'était un point très-important qu'avait obtenu Mrs. Weldon. Elle évitait à son mari les dangers d'un voyage à Kazonndé, les risques d'y être retenu, après avoir versé la rançon exigée, ou les périls du retour. Quant aux six cents milles qui séparaient Kazonndé de Mossamédès, à les faire dans les conditions où elle avait voyagé en quittant la Coanza, Mrs. Weldon ne devait redouter qu'un peu de fatigue, et d'ailleurs, l'intérêt d'Alvez, — car il était dans l'affaire, — voulait que les prisonniers arrivassent sains et saufs.

Les choses ainsi convenues, Mrs. Weldon écrivit à son mari dans ce sens, laissant provisoirement à Negoro le soin de se poser en serviteur dévoué, qui avait pu échapper aux indigènes. Negoro prit la lettre, qui ne permettait pas à James Weldon d'hésiter à le suivre jusqu'à Mossamédès, et, le lendemain, escorté d'une vingtaine de noirs, il remontait vers le nord. Pourquoi prenait-il cette direction? Negoro avait-il donc l'intention d'aller s'embarquer sur un des navires qui fréquentent les bouches du Congo et d'éviter par là les stations portugaises, ainsi que les pénitenciers dont il avait été l'hôte involontaire? C'est probable. Ce fut, du moins, la raison qu'il donna à Alvez.

Après son départ, Mrs. Weldon dut donc arranger son existence de manière à passer le moins mal possible le temps que durerait son séjour à Kazonndé. C'étaient trois ou quatre mois, en admettant les chances les plus favorables. L'aller et le retour de Negoro n'exigeaient pas moins.

L'intention de Mrs. Weldon n'était point de quitter la factorerie. Son enfant, cousin Bénédict et elle s'y trouvaient relativement en sûreté. Les bons soins d'Halima adoucissaient un peu les rigueurs de cette séquestration. Il était d'ailleurs vraisemblable que le traitant ne lui aurait pas permis d'abandonner l'établissement. La grosse prime que devait lui procurer le rachat de la prisonnière valait bien la peine qu'on la gardât sévèrement. Il se trouvait même heureux qu'Alvez ne fût pas obligé de quitter Kazonndé pour visiter ses deux autres factoreries de Bihé et de Cassange. Coïmbra était allé le remplacer dans l'expédition de nouvelles razzias, et il n'y avait aucun motif pour regretter la présence de cet ivrogne.

Au surplus, Negoro, avant de partir, avait fait à

Alvez les plus pressantes recommandations au sujet de Mrs. Weldon. Il importait de la surveiller rigoureusement. On ne savait ce qu'était devenu Hercule. S'il n'avait pas péri dans cette redoutable province de Kazonndé, peut-être tenterait-il de se rapprocher de la prisonnière et de l'arracher aux mains d'Alvez. Le traitant avait parfaitement compris une situation qui se chiffrait par un bon nombre de dollars. Il répondait de Mrs. Weldon comme de sa propre caisse.

La vie monotone de la prisonnière, pendant les premiers jours de son arrivée à la factorerie, se continua donc. Ce qui se passait dans cette enceinte reproduisait très-exactement les divers actes de l'existence indigène au dehors. Alvez ne suivait pas d'autres usages que ceux des natifs de Kazonndé. Les femmes de l'établissement travaillaient comme elles l'eussent fait dans la ville pour le plus grand agrément de leurs époux ou de leurs maîtres. Le riz à préparer à grands coups de pilons dans des mortiers de bois jusqu'à parfaite décortication; le mondage et le vannage du maïs, et toutes les manipulations nécessaires à en retirer une substance granuleuse qui sert à composer ce potage nommé « mtyellé » dans le pays; la récolte du sorgho, espèce de grand millet, dont la déclaration de maturité venait d'être solennellement faite à cette époque;

l'extraction de cette huile odorante des drupes du « mpafou », sortes d'olives dont l'essence forme un parfum recherché des indigènes ; le filage du coton, dont les fibres sont tordues au moyen d'un fuseau long d'un pied et demi auquel les fileuses impriment un rapide mouvement de rotation ; la fabrication au maillet d'étoffes d'écorce ; l'extraction des racines de manioc, et la préparation de la terre pour les divers produits de la contrée : cassave, farine que l'on retire du manioc, fèves dont les gousses, longues de quinze pouces, nommées « mositsanés », viennent sur des arbres hauts de vingt pieds, arachides destinées à faire de l'huile, pois vivaces d'un bleu clair, connus sous le nom de « tchilobés », dont les fleurs relèvent le goût un peu fade de la bouillie de sorgho, café indigène, cannes à sucre, dont le jus se réduit en sirop, oignons, goyaves, sésame, concombres, dont les graines se font griller comme des châtaignes ; préparation des boissons fermentées, le « malofou », fait avec des bananes, le « pombé » et autres liqueurs ; soins des animaux domestiques, de ces vaches qui ne se laissent traire qu'en présence de leur petit ou d'un veau em paillé, de ces génisses de petite race, à courtes cornes, dont quelquesunes ont une bosse, de ces chèvres qui, dans la contrée où leur chair sert à l'alimentation, sont un important objet d'échange, on pourrait dire une monnaie courante comme l'esclave; enfin entretien des volailles, porcs, moutons, bœufs, etc.; — cette longue énumération montre quels rudes labeurs incombent au sexe faible dans ces régions sauvages du continent africain.

Pendant ce temps, les hommes fument le tabac ou le chanvre, chassent l'éléphant ou le buffle, se louent au compte des traitants pour les razzias. Récolte de maïs ou d'esclaves, c'est toujours une récolte qui se fait en des saisons déterminées.

De ces diverses occupations, Mrs. Weldon ne connaissait donc à la factorerie d'Alvez que la part dévolue aux femmes. Quelquefois, elle s'arrêtait, les regardant, pendant que celles-ci, il faut bien le dire, ne lui répondaient que par des grimaces peu engageantes. Un instinct de race portait ces malheureuses à haïr une blanche, et, dans leur cœur, on n'eût trouvé aucune commisération pour elle. La seule Halima faisait exception, et Mrs. Weldon, ayant retenu certains mots de la langue indigène, arriva bientôt à pouvoir échanger quelques paroles avec la jeune esclave.

Le petit Jack accompagnait souvent sa mère, lorsque celle-ci se promenait dans l'enceinte, mais il aurait bien voulu aller au dehors. Il y avait là, pourtant, dans un énorme baobab, des nids de marabouts, formés de quelques baguettes, et des nids de « souimangas », à plastron et à gorge écarlates, qui ressemblent à ceux des tisserins ; puis des « veuves », qui dépouillaient les chaumes au profit de leur famille ; des « calaos », dont le chant était agréable ; des perroquets gris clair à queue rouge, qui, dans le Manyema, s'appellent « rouss », et donnent leur nom aux chefs des tribus ; des « drougos » insectivores, semblables à des linottes grises qui auraient un gros bec rouge. Çà et là, voltigeaient aussi des centaines de papillons d'espèces différentes, surtout dans le voisinage des ruisseaux qui traversaient la factorerie ; mais c'était plutôt l'affaire de cousin Bénédict que celle du petit Jack, et celui-ci regrettait bien de ne pas être plus grand, afin de regarder par-dessus les murs. Hélas ! où était son pauvre ami Dick Sand, lui qui l'emmenait si haut dans la mâture du *Pilgrim!* Comme il l'eût suivi sur les branches de ces arbres dont la cime s'élevait à plus de cent pieds ! Quelles bonnes parties ils auraient faites ensemble !

Cousin Bénédict, lui, se trouvait toujours très-bien où il était, pourvu que les insectes ne lui fissent pas défaut. Il avait heureusement découvert à la factorerie, — et il étudiait, autant qu'il le pouvait, sans oupe ni lunettes, — une abeille minuscule qui formait ses alvéoles entre les vermoulures du bois, et un « sphex » qui pond ses œufs dans des cellules qui ne sont pas à lui, comme fait le coucou dans le nid des autres. Les moustiques ne manquaient pas non plus, au bord des rivulettes, et ils le tatouaient de piqûres au point de le rendre méconnaissable. Et lorsque Mrs. Weldon lui reprochait de se laisser ainsi dévorer par ces malfaisants insectes :

« C'est leur instinct, cousine Weldon, lui répondait-il en se grattant jusqu'au sang, c'est leur instinct, et il ne faut pas leur en vouloir ! »

Enfin, un jour, — c'était le 17 juin, — cousin Bénédict fut sur le point d'être le plus heureux des entomologistes. Mais cette aventure, qui eut des conséquences inattendues, veut être racontée avec quelques détails.

Il était environ onze heures du matin. Une insoutenable chaleur avait obligé les habitants de la factorerie à se tenir dans leurs huttes, et l'on n'eût pas même rencontré un seul indigène dans les rues de Kazonndé.

Mrs. Weldon était assoupie près du petit Jack, qui dormait. Cousin Bénédict, lui-même, subissant l'influnece de cette température tropicale, avait renoncé à ses chasses favorites, — ce qui ne laissait pas de lui être très-sensible, car, dans ces rayons du soleil de midi, il entendait bruire tout un monde d'insectes. Il s'était donc réfugié, à son grand regret, au fond de sa hutte, et, là, le sommeil commençait à s'emparer de lui dans cette sieste involontaire.

Soudain, comme ses yeux se fermaient à demi, il entendit un frémissement, c'est-à-dire un de ces insupportables bourdonnements d'insectes, dont quelques-uns peuvent donner quinze ou seize mille battements d'ailes à la seconde.

« Un hexapode! » s'écria cousin Bénédict, mis aussitôt en éveil, et passant de la position horizontale à la position verticale.

Que ce fût un hexapode qui bourdonnait dans sa hutte, il n'y avait point à en douter. Mais si cousin Bénédict était très-myope, il avait du moins l'ouïe très-fine, à ce point même qu'il pouvait reconnaître un insecte d'un autre rien qu'à l'intensité de son bourdonnement, et il lui sembla que celui-ci lui était inconnu, bien qu'il ne pût être produit que par un géant de l'espèce.

« Quel est cet hexapode? » se demanda cousin Bénédict.

Et le voilà, cherchant à apercevoir l'insecte, ce qui était bien difficile à ses yeux sans lunettes, mais essayant surtout de le reconnaître au frémissement de ses ailes.

Son instinct d'entomologiste l'avertit qu'il y avait là quelque beau coup à faire, et que l'insecte, si providentiellement entré dans sa hutte, ne devait pas être le premier venu.

Cousin Bénédict, dressé sur son séant, ne bougeait plus. Il écoutait. Quelques rayons de soleil pénétraient jusqu'à lui. Ses yeux découvrirent alors un gros point noir qui voltigeait, mais qui ne passait point assez près pour qu'il pût le reconnaître. Il retenait sa respiration, et, s'il se sentait piqué en quelque endroit de la figure ou des mains, il était décidé à ne pas faire un seul mouvement qui pût mettre son hexapode en fuite.

Enfin, l'insecte bourdonnant, après avoir tourné longtemps autour de lui, vint se poser sur sa tête. La bouche de cousin Bénédict s'élargit un instant, comme pour ébaucher un sourire, et quel sourire! Il sentait le léger animal courir sur ses cheveux. Une envie irrésistible d'y porter la main le saisit un instant; mais il y résista et fit bien.

« Non, non! pensa-t-il; je le manquerais, ou, ce qui serait pis, je lui ferais du mal. Laissons-le venir plus à portée! Le voilà qui marche! Il descend. Je sens ses pattes mignonnes courir sur mon crâne! Ce doit être un hexapode de belle taille. Mon Dieu! faites seulement qu'il descende sur le bout de mon nez, et là, en louchant un peu, je pourrai peut-être le voir, et déterminer à quel ordre, genre, espèce ou variété il appartient ! »

Ainsi pensait cousin Bénédict. Mais il y avait loin de son crâne, qui était assez pointu, au bout de son nez, qui était fort long. Que d'autres chemins le capricieux insecte pouvait prendre, du côté des oreilles, du côté du sinciput, chemins qui l'écarteraient des yeux du savant, sans compter qu'à chaque instant il pouvait reprendre son vol, quitter la hutte, se perdre dans ces rayons solaires où se passait sa vie, sans doute, et au milieu du bruissement de ses congénères, qui devaient l'attirer au dehors !

Cousin Bénédict se dit tout cela. Jamais, dans toute sa vie d'entomologiste, il n'avait passé de plus émouvantes minutes. Un hexapode africain, d'espèce ou tout au moins de variété, ou même de sous-variété nouvelle, était là sur sa tête, et il ne pouvait le reconnaître qu'à la condition qu'il daignât se promener à moins d'un pouce de ses yeux.

Cependant, la prière de cousin Bénédict devait être exaucée. L'insecte, après avoir cheminé sur cette chevelure à demi hérissée, comme au sommet de quelque buisson inculte, commença à descendre les revers frontaux de cousin Bénédict, et celui-ci put concevoir enfin l'espérance qu'il s'aventurerait au sommet de son nez. Une fois arrivé à ce sommet, pourquoi ne descendrait-il pas vers les bases?

« Moi, à sa place, je descendrais », pensait le digne savant.

Ce qui est plus vrai, c'est qu'à la place du cousin Bénédict, tout autre se fût appliqué une violente claque sur le front, afin d'écraser l'agaçant insecte, ou tout au moins de le mettre en fuite. Sentir six pattes se démener sur sa peau, sans parler de la crainte d'être piqué, et ne pas faire un geste, on conviendra que c'était tout bonnement de l'héroïsme. Le Spartiate se laissant dévorer la poitrine par un renard, le Romain gardant entre ses doigts des charbons ardents, n'étaient pas plus maîtres d'eux-mêmes que Cousin Bénédict, qui descendait incontestablement de ces deux héros.

L'insecte, après vingt petits circuits, arriva au sommet du nez. Il y eut là un instant d'hésitation qui fit affluer à son cœur tout le sang de cousin Bénédict. L'hexapode remonterait-il au delà de la ligne des yeux ou descendrait-il au-dessous?

Il descendit. Cousin Bénédict sentit ses pattes velues se développer vers les bases de son nez. L'insecte ne prit ni à droite ni à gauche. Il demeura entre les deux ailes frémissantes, sur l'arête légèrement busquée de ce nez de savant, si bien disposé pour porter des lunettes. Il franchit le petit creux produit par l'usage incessant de cet instrument d'optique qui manquait tant au pauvre cousin, et il s'arrêta à l'extrémité même de son appendice nasal.

C'était la meilleure place que cet hexapode pût choisir. A cette distance, les deux yeux du cousin Bénédict, en faisant converger leur rayon visuel, pouvaient, comme deux lentilles, darder sur l'insecte leur double regard.

« Dieu tout puissant ! s'écria cousin Bénédict, qui ne put retenir un cri, la manticore tuberculeuse ! »

Or, il ne fallait pas le crier, il fallait le penser seulement ! Mais n'eût-ce pas été trop demander au plus enthousiaste des entomologistes ?

Avoir sur le bout de son nez une manticore tuberculeuse à larges élytres, un insecte de la tribu des Cicindélètes, échantillon très-rare dans les collections, qui semble spécial à ces parties méridionales de l'Afrique, et ne pas pousser un cri d'admiration, cela est au-dessus des forces humaines !

Malheureusement, la manticore entendit ce cri, qui fut presque aussitôt suivi d'un éternument, lequel secoua l'appendice sur lequel elle reposait. Cousin Bénédict voulut s'en emparer, tendit la main, la ferma violemment, et ne parvint à saisir que le bout de son propre nez.

« Malédiction ! » s'écria-t-il.

Mais alors il montra un sang-froid remarquable.

Il savait que la manticore tuberculeuse ne fait que voleter, pour ainsi dire, qu'elle marche plutôt qu'elle ne vole. Il se mit donc à genoux et parvint à apercevoir, à moins de dix pouces de ses yeux, le point noir qui glissait rapidement dans un rayon de soleil. Mieux valait, évidemment, l'étudier dans cette allure indépendante. Seulement, il ne fallait pas le perdre de vue.

« Saisir la manticore, ce serait risquer de l'écraser ! se dit cousin Bénédict. Non ! Je la suivrai ! Je l'admirerai ! J'ai tout le temps de la prendre ! »

Cousin Bénédict avait-il tort ? Quoi qu'il en soit, le voilà donc à quatre pattes, le nez au sol, comme un chien qui sent une piste, et suivant à sept ou huit pouces en arrière le superbe hexapode. Un instant après, il était hors de sa hutte, sous le soleil de midi, et, quelques minutes plus tard, au pied de la palissade qui fermait l'établissement d'Alvez.

En cet endroit, la manticore allait-elle d'un bond franchir l'enceinte, et mettre un mur entre son adorateur et elle ? Non, ce n'eût pas été dans sa nature, et cousin Bénédict le savait bien. Aussi était-il toujours là, rampant comme une couleuvre, trop loin pour reconnaître entomologiquement l'insecte, — d'ailleurs, c'était fait, — mais assez près pour toujours apercevoir ce gros point mouvant qui cheminait sur le sol.

La manticore, arrivée près de la palissade, avait rencontré le large boyau d'une taupinière qui s'ouvrait au pied de l'enceinte. Là, sans hésiter, elle fila dans cette galerie souterraine, car il est dans ses habitudes de rechercher ces conduits obscurs. Cousin Bénédict crut qu'il allait la perdre de vue. Mais, à sa grande surprise, le boyau était large de deux pieds au moins, et la taupinière formait une sorte de galerie où son long corps maigre put s'engager. Il mettait, d'ailleurs, à cette poursuite l'ardeur d'un furet, et ne s'aperçut pas même qu'en se « terrant » ainsi, il passait au-dessous de la palissade. En effet, la taupinière établissait une communication naturelle entre le dedans et le dehors. En une demi-minute, cousin Bénédict fut hors de la factorerie. Ce n'était pas là de quoi le préoccuper. Il était tout à son admiration pour l'élégant insecte qui le guidait. Mais celui-ci, sans doute, avait assez de cette longue marche. Ses élytres s'écartèrent, ses ailes se déployèrent. Cousin Bénédict sentit le danger, et, de sa main retournée, il allait faire à la manticore une prison provisoire, quand, frrrr!... elle s'envola.

Quel désespoir! Mais la manticore ne pouvait aller

loin. Cousin Bénédict se leva, il regarda, il s'élança les deux mains tendues et ouvertes...

L'insecte voletait au-dessus de sa tête, et il n'apercevait plus qu'un gros point noir, sans forme appréciable pour lui.

La manticore viendrait-elle se reposer de nouveau à terre, après avoir tracé quelques cercles capricieux autour du chef hérissé de cousin Bénédict? Toutes les présomptions étaient pour qu'il en fût ainsi.

Malheureusement pour l'infortuné savant, cette partie de l'établissement d'Alvez, qui était situé à l'extrémité nord de la ville, confinait à une vaste forêt, qui couvrait le territoire de Kazonndé sur un espace de plusieurs milles carrés. Si la manticore gagnait le couvert des arbres, et si, là, elle se mettait à voleter de branche en branche, il fallait renoncer à tout espoir de la faire figurer dans la fameuse boîte de fer-blanc, dont elle eût été le plus précieux joyau.

Hélas! ce fut ce qui arriva. La manticore avait repris son point d'appui sur le sol. Cousin Bénédict, ayant eu l'inespérée chance de la revoir, se précipita aussitôt la face contre terre. Mais la manticore ne marchait plus. Elle procédait par petits sauts.

Cousin Bénédict, épuisé, les genoux et les ongles en sang, sauta aussi. Ses deux bras, mains ouvertes, se détendaient à droite, à gauche, suivant que le point noir bondissait ici ou là. On eût dit qu'il tirait sa coupe sur ce sol brûlant, comme fait un nageur à la surface de l'eau.

Peine inutile! Ses deux mains se refermaient toujours à vide. L'insecte lui échappait en se jouant, et bientôt, arrivé sous la fraîche ramure, il s'éleva, après avoir lancé à l'oreille du cousin Bénédict, qu'il frôla, le bourdonnement plus intense, mais plus ironique aussi, de ses ailes de coléoptère.

« Malédiction! s'écria une seconde fois cousin Bénédict! Elle m'échappe! Ingrat hexapode! Toi à qui je réservais une place d'honneur dans ma collection! Eh bien, non! je ne t'abandonnerai pas! Je te poursuivrai jusqu'à ce que je t'atteigne!... »

Il oubliait, le déconfit cousin, que ses yeux de myope ne lui permettaient pas d'apercevoir la manticore au milieu du feuillage. Mais il ne se possédait plus. Le dépit, la colère le rendaient fou. C'était à lui, et rien qu'à lui qu'il devait s'en prendre de sa mésaventure! S'il se fût d'abord emparé de l'insecte, au lieu de le suivre « dans son allure indépendante », rien de tout cela ne serait arrivé, et il posséderait cet admirable échantillon des manticores africaines, dont le nom est celui d'un animal fabuleux qui aurait une tête d'homme et un corps de lion!

Cousin Bénédict avait perdu la tête. Il ne se doutait

guère que la plus imprévue des circonstances venait de le rendre à la liberté. Il ne songeait pas que cette taupinière, dans laquelle il s'était engagé, lui avait ouvert une issue, et qu'il venait de quitter l'établissement d'Alvez. La forêt était là, et sous les arbres, sa manticore envolée! A tout prix, il voulait la ravoir.

Le voilà donc courant à travers cette épaisse forêt, n'ayant plus même conscience de ce qu'il faisait, s'imaginant toujours voir le précieux insecte, battant l'air de ses grands bras comme un gigantesque faucheux! Où il allait, comment il reviendrait, et s'il reviendrait, il ne se le demandait même pas, et, pendant un bon mille, il s'enfonça ainsi, au risque d'être rencontré par quelque indigène ou attaqué par quelque fauve.

Soudain, comme il passait près d'un hallier, un être gigantesque bondit et s'abattit sur lui. Puis, comme cousin Bénédict eût fait de la manticore, cet être le saisit d'une main à la nuque, de l'autre au bas du dos, et, sans avoir eu le temps de se reconnaître, il fut emporté à travers la futaie.

Vraiment, cousin Bénédict avait perdu ce jour-là une belle occasion de pouvoir se proclamer le plus heureux entomologiste des cinq parties du monde!

CHAPITRE XVI

UN MGANNGA

Lorsque Mrs. Weldon, dans cette journée du 17, ne vit pas reparaître cousin Bénédict à l'heure accoutumée, elle fut prise de la plus vive inquiétude. Ce qu'était devenu son grand enfant, elle ne pouvait se l'imaginer. Qu'il fût parvenu à s'échapper de la factorerie, dont l'enceinte était absolument infranchissable, ce n'était pas admissible. D'ailleurs, Mrs. Weldon connaissait son cousin. On eût proposé à cet original de s'enfuir en abandonnant sa boîte de fer-blanc et sa collection d'insectes africains, qu'il aurait refusé sans l'ombre d'une hésitation. Or, la boîte était là, dans la hutte, intacte, contenant tout ce que le savant avait pu recueillir depuis son arrivée sur le continent. Supposer qu'il s'était volontairement séparé de ses trésors entomologiques, c'était inadmissible.

Et, cependant, cousin Bénédict n'était plus dans l'établissement de José Antonio Alvez !

Pendant toute cette journée, Mrs. Weldon le chercha obstinément. Le petit Jack et l'esclave Halima se joignirent à elle. Ce fut inutile.

Mrs. Weldon fut alors forcée d'adopter cette hypothèse peu rassurante : c'est que le prisonnier avait été enlevé par ordre du traitant et pour des motifs qui lui échappaient. Mais alors, qu'en avait fait Alvez? L'avait-il incarcéré dans un des baracons de la grande place? Pourquoi cet enlèvement, venant après la convention faite entre Mrs. Weldon et Negoro, convention qui comprenait cousin Bénédict au nombre des prisonniers que le traitant devait conduire à Mossamédès pour être remis, contre rançon, entre les mains de James W. Weldon?

Si Mrs. Weldon avait pu être témoin de la colère d'Alvez, lorsque celui-ci apprit la disparition du prisonnier, elle eût compris que cette disparition s'était bien faite contre son gré. Mais alors, si cousin Bénédict s'était évadé volontairement, pourquoi ne l'avait-il pas mise dans le secret de son évasion?

Toutefois, les recherches d'Alvez et de ses serviteurs, qui furent faites avec le plus grand soin, amenèrent la découverte de cette taupinière, qui mettait la factorerie en communication directe avec la forêt voisine. Le traitant ne mit plus en doute que le « coureur de mouches » ne se fût envolé par cette étroite ouverture. On juge donc de sa fureur, quand il se dit que cette fuite serait sans doute mise à son compte et diminuerait d'autant la prime qu'il devait toucher dans l'affaire.

« Il ne valait pas grand'chose, cet imbécile, pensait-il, et, cependant, on me le fera payer cher ! Ah ! si je le reprends !... »

Mais, malgré les recherches qui furent faites à l'intérieur, et bien que les bois eussent été battus dans un large rayon, il fut impossible de retrouver aucune trace du fugitif. Mrs. Weldon dut se résigner à la perte de son cousin, et Alvez faire son deuil du prisonnier. Comme on ne pouvait admettre que celui-ci eût établi des relations avec le dehors, il parut évident que le hasard seul lui avait fait découvrir l'existence de cette taupinière, et qu'il avait pris la fuite, sans plus penser à ceux qu'il laissait derrière lui que s'ils n'avaient jamais existé.

Mrs. Weldon fut forcée de s'avouer qu'il devait en être ainsi, mais elle ne songea même pas à en vouloir à ce pauvre homme, parfaitement inconscient de ses actes.

« Le malheureux! que sera-t-il devenu? » se demandait-elle.

Il va sans dire que, le jour même, la taupinière avait été bouchée avec le plus grand soin, et que la surveillance redoubla au dedans comme au dehors de la factorerie.

La vie monotone des prisonniers se continua donc pour Mrs. Weldon et son enfant.

Cependant, un fait climatérique, très-rare à cette époque de l'année, s'était produit dans la province. Des pluies persistantes commencèrent vers le 19 juin, bien que la période de la masika, qui finit en avril, fût passée. En effet, le ciel s'était couvert, et des averses continuelles inondaient le territoire de Kazonndé.

Ce qui ne fut qu'un désagrément pour Mrs. Weldon, puisqu'elle dut renoncer à ses promenades à l'intérieur de la factorerie, devint un malheur public pour les indigènes. Les bas terrains, couverts de moissons déjà mûres, furent entièrement submergés. Les habitants de la province, auxquels la récolte manquait soudain, se virent bientôt aux abois. Tous les travaux de la saison étaient compromis, et la reine Moina, pas plus que ses ministres, ne savait comment faire face à la catastrophe.

On eut alors recours aux magiciens, mais non à ceux dont le métier est de guérir les malades par leurs incantations et sorcelleries, ou qui disent la bonne aventure aux indigènes. Il s'agissait là d'un malheur public, et les meilleurs « mganngas », qui ont le privilége de provoquer ou d'arrêter les pluies, furent priés de conjurer le péril.

Ils y perdirent leur latin. Ils eurent beau entonner leur chant monotone, agiter leur double grelot et leurs clochettes, employer leurs plus précieuses amulettes, et plus particulièrement une corne, pleine de boue et d'écorces, dont la pointe se termine par trois petits cornillons, exorciser en lançant de petites boules de fiente ou en crachant à la face des plus augustes personnages de la cour, ils ne parvinrent point à chasser les mauvais esprits qui président à la formation des nuages.

Or, les choses allaient de mal en pis, lorsque la reine Moina eut la pensée de faire venir un célèbre mgannga qui se trouvait alors dans le nord de l'Angola. C'était un magicien de premier ordre, dont le savoir était d'autant plus merveilleux qu'on ne l'avait jamais mis à l'épreuve dans cette contrée où il n'était jamais venu. Mais il n'était question que de ses succès à l'endroit des masikas.

Ce fut le 25 juin, dans la matinée, que le nouveau

mgannga annonça bruyamment son arrivée à Kazonndé avec de grands tintements de clochettes.

Ce sorcier vint tout droit à la tchitoka, et aussitôt la foule des indigènes de se précipiter vers lui. Le ciel était un peu moins pluvieux, le vent indiquait une tendance à changer, et ces symptômes de rassérénement, coïncidant avec l'arrivée du mgannga, prédisposaient les esprits en sa faveur.

C'était d'ailleurs un homme superbe, un noir de la plus belle eau. Il mesurait au moins six pieds et devait être extraordinairement vigoureux. Cette prestance imposa déjà à la foule.

Ordinairement, les sorciers se réunissent à trois, quatre ou cinq, lorsqu'ils parcourent les villages, et un certain nombre d'acolytes ou de compères leur font cortége. Ce mgannga était seul. Toute sa poitrine était zébrée de bigarrures blanches, faites à la terre de pipe. La partie inférieure de son corps disparaissait sous un ample jupon d'étoffe d'herbe, dont la « traîne » n'eût pas déparé une élégante moderne. Un collier de crânes d'oiseaux au cou, sur la tête une sorte de casque de cuir à plumets ornés de perles, autour des reins une ceinture de cuivre à laquelle pendaient quelques centaines de clochettes, plus bruyantes que le sonore harnachement d'une mule espagnole, ainsi était vêtu ce magnifique échantillon de la corporation des devins indigènes.

Tout le matériel de son art se composait d'une sorte de panier dont une calebasse formait le fond, et que remplissaient des coquilles, des amulettes, de petites idoles en bois et autres fétiches, plus une notable quantité de boules de fiente, accessoire important des incantations et pratiques divinatoires du centre de l'Afrique.

Une particularité qui fut bientôt reconnue de la foule, c'est que ce mgannga était muet; mais cette infirmité ne pouvait qu'accroître la considération dont on se disposait à l'entourer. Il ne faisait entendre qu'un son guttural, bas et traînant, qui n'avait aucune signification. Raison de plus pour être bien compris en matière de sortilége.

Le mgannga fit d'abord le tour de la grande place, exécutant une sorte de pavane qui mettait en branle tout son carillon de sonnettes. La foule le suivait en imitant ses mouvements. On eût dit une troupe de singes suivant un gigantesque quadrumane. Puis, soudain, le sorcier, enfilant la rue principale de Kazonndé, se dirigea vers la résidence royale.

Dès que la reine Moina eut été prévenue de l'arrivée du nouveau devin, elle parut, suivie de ses courtisans.

Le mgannga s'inclina jusque dans la poussière et

releva la tête en déployant sa taille superbe. Ses bras s'étendirent alors vers le ciel, que sillonnaient rapidement des lambeaux de nuages. Ces nuages, le sorcier les désigna de la main; il imita leurs mouvements dans une pantomime animée; il les montra fuyant dans l'ouest, mais revenant à l'est par un mouvement de rotation qu'aucune puissance ne pouvait enrayer.

Puis, soudain, à la grande surprise de la ville et de la cour, ce sorcier prit par la main la redoutable souveraine de Kazonndé. Quelques courtisans voulurent s'opposer à cet acte contraire à toute étiquette; mais le vigoureux mgannga, saisissant le plus rapproché par la peau du cou, l'envoya rouler à quinze pas.

La reine ne parut point désapprouver cette fière façon d'agir. Une sorte de grimace, qui devait être un sourire, fut adressée au devin, lequel entraîna la reine d'un pas rapide, pendant que la foule se précipitait sur ses traces.

Cette fois, ce fut vers l'établissement d'Alvez que se dirigea le sorcier. Il en atteignit bientôt la porte, qui était fermée. Un simple coup de son épaule la jeta par terre, et il fit entrer la reine subjuguée dans l'intérieur de la factorerie.

Le traitant, ses soldats, ses esclaves étaient accourus pour châtier l'impudent qui se permettait de jeter bas les portes sans attendre qu'on les lui ouvrît. Toutefois, à la vue de la souveraine, qui ne protestait pas, ils s'arrêtèrent dans une attitude respectueuse.

Alvez, sans doute, allait demander à la reine ce qui lui procurait l'honneur de sa visite ; mais le magicien ne lui en donna pas le temps, et, faisant reculer la foule de manière à laisser un large espace libre autour de lui, il recommença sa pantomime avec une animation plus grande encore. Il montra les nuages de la main, il les menaça, il les exorcisa, il fit le geste de les arrêter d'abord, de les écarter ensuite. Ses énormes joues se gonflèrent, et il souffla sur cet amas de lourdes vapeurs, comme s'il eût eu la force de les dissiper. Puis, se redressant, il sembla vouloir les arrêter dans leur course, et on eût dit que sa gigantesque taille allait lui permettre de les saisir.

La superstitieuse Moina, « empoignée », c'est le mot, par le jeu de ce grand comédien, ne se possédait plus. Des cris lui échappaient. Elle délirait à son tour et répétait instinctivement les gestes du mgannga. Les courtisans, la foule, faisaient comme elle, et les sons gutturaux du muet se perdaient alors au milieu de ces chants, cris et hurlements, que fournit avec tant de prodigalité le langage indigène.

Les nuages cessèrent-ils de se lever sur l'horizon oriental et de voiler ce soleil des tropiques? S'évanouirent-ils devant les exorcismes du nouveau devin? Non. Et précisément, lorsque la reine et son peuple s'imaginaient réduire les esprits malfaisants qui les abreuvaient de tant d'averses, voilà que le ciel, un peu dégagé depuis l'aube, s'obscurcit plus profondément. De larges gouttes d'une pluie d'orage tombèrent en crépitant sur le sol.

Alors, un revirement se fit dans la foule. On s'en prit à ce mgannga qui ne valait pas mieux que les autres, et, à certain froncement de sourcils de la reine, on comprit qu'il risquait au moins ses oreilles. Les indigènes avaient resserré le cercle autour de lui; les poings le menaçaient, et on allait lui faire un mauvais parti, quand un incident imprévu changea le cours de ces dispositions hostiles.

Le mgannga, qui dominait de la tête toute cette foule hurlante, venait d'étendre le bras vers un point de l'enceinte. Ce geste fut si impérieux que tous se retournèrent.

Mrs. Weldon, le petit Jack, attirés par ce tumulte et ces clameurs, venaient de quitter leur hutte. C'était eux que le magicien, dans un mouvement de colère, désignait de la main gauche, tandis que sa droite se levait vers le ciel.

Eux, c'était eux! C'était cette blanche, c'était son enfant, qui causaient tout le mal! De là venait la source des maléfices! Ces nuages, ils les avaient amenés de leurs contrées pluvieuses pour inonder les territoires de Kazonndé!

On le comprit. La reine Moina, montrant Mrs. Weldon, fit un geste de menace. Les indigènes, proférant des cris plus terribles, se précipitèrent vers elle.

Mrs. Weldon se crut perdue, et saisissant son fils entre ses bras, elle demeura immobile comme une statue devant cette foule surexcitée.

Le mgannga alla vers elle. On s'écarta devant ce devin, qui, avec la cause du mal, semblait en avoir trouvé le remède.

Le traitant Alvez, pour qui la vie de la prisonnière était précieuse, s'approcha aussi, ne sachant trop que faire.

Le mgannga avait saisi le petit Jack, et, l'arrachant des bras de sa mère, il le tendit vers le ciel. On put croire qu'il allait lui briser la tête contre le sol pour apaiser les dieux!

Mrs. Weldon poussa un cri terrible, et tomba à terre, évanouie.

Mais le mgannga, après avoir adressé à la reine un signe, qui sans doute la rassura sur ses intentions, avait relevé la malheureuse mère, et il l'emportait avec son enfant, tandis que la foule, absolument dominée, s'écartait pour lui faire place.

Alvez, furieux, ne l'entendait pas ainsi. Avoir perdu un prisonnier sur trois, puis voir s'échapper le dépôt confié à sa garde, et, avec le dépôt, la grosse prime que lui réservait Negoro, jamais, dût tout le territoire de Kazonndé s'abîmer sous un nouveau déluge! Il voulut s'opposer à cet enlèvement.

Ce fut contre lui alors que s'ameutèrent les indigènes. La reine le fit saisir par ses gardes, et, sachant ce qu'il pourrait lui en coûter, le traitant dut se tenir coi, tout en maudissant la stupide crédulité des sujets de l'auguste Moina.

Ces sauvages, en effet, s'attendaient à voir les nuages disparaître avec ceux qui les avaient attirés, et ils ne doutaient pas que le magicien ne voulût éteindre dans le sang des étrangers les pluies dont ils avaient tant souffert.

Cependant, le mgannga emportait ses victimes, comme un lion eût fait d'un couple de chevreaux qui ne pèse pas à sa gueule puissante, le petit Jack épouvanté, Mrs. Weldon sans connaissance, tandis que la foule, au dernier degré de la fureur, le suivait de ses hurlements; mais il sortit de l'enceinte, traversa Kazonndé, rentra sous la forêt, marcha pendant près de trois milles, sans que son pied faiblît un instant, et seul enfin, — les indigènes ayant compris qu'il ne voulait pas être suivi davantage, — il arriva près d'une rivière, dont le rapide courant fuyait vers le nord.

Là, au fond d'une large cavité, derrière les longues herbes pendantes d'un buisson qui cachaient la berge, était amarrée une pirogue, recouverte d'une sorte de chaume.

Le mgannga y descendit son double fardeau, repoussa du pied l'embarcation que le courant entraîna rapidement, et alors, d'une voix bien nette :

« Mon capitaine, dit-il, mistress Weldon et le petit Jack que je vous présente! En route, et que tous les nuages du ciel crèvent maintenant sur ces idiots de Kazonndé! »

CHAPITRE XVII

A LA DÉRIVE

C'était Hercule, méconnaissable sous son attifement de magicien, qui parlait ainsi, et c'était à Dick Sand qu'il s'adressait, — à Dick Sand, assez faible encore pour avoir besoin de s'appuyer sur le cousin Bénédict, près duquel Dingo était couché.

Mrs. Weldon, qui avait repris connaissance, ne put que prononcer ces mots :

« Toi ! Dick ! toi ! »

Le jeune novice se releva, mais déjà Mrs. Weldon le pressait dans ses bras, et Jack lui prodiguait ses caresses.

« Mon ami Dick ! mon ami Dick ! » répétait le petit garçon.

Puis, se retournant vers Hercule :

« Et moi, ajouta-t-il, qui ne t'ai pas reconnu!

— Hein! quel déguisement! répondit Hercule, en se frottant la poitrine pour en effacer les bigarrures qui la zébraient.

— Tu étais trop vilain! dit le petit Jack.

— Dame! j'étais le diable, et le diable n'est pas beau!

— Hercule! dit Mrs. Weldon, en tendant sa main au brave noir.

— Il vous a délivrée, ajouta Dick Sand, comme il m'a sauvé, bien qu'il ne veuille pas en convenir.

— Sauvés! sauvés! Nous ne le sommes pas encore! répondit Hercule! Et, d'ailleurs, sans monsieur Bénédict qui est venu nous apprendre où vous étiez, mistress Weldon, nous n'aurions rien pu faire! »

C'était Hercule, en effet, qui, cinq jours avant, avait bondi sur le savant, au moment où, après avoir été entraîné à deux milles de la factorerie, celui-ci courait à la poursuite de sa précieuse manticore. Sans cet incident, ni Dick Sand ni le noir n'auraient connu la retraite de Mrs. Weldon, et Hercule n'eût pu s'aventurer à Kazonndé sous la défroque d'un magicien.

Pendant que la barque dérivait avec rapidité dans cette partie resserrée de la rivière, Hercule raconta ce qui s'était passé depuis sa fuite au campement de la

Coanza; comment il avait suivi, sans se laisser voir, la kitannda où se trouvaient Mrs. Weldon et son fils; comment il avait retrouvé Dingo blessé; comment tous deux étaient arrivés aux environs de Kazonndé; comment un billet d'Hercule, porté par le chien, avait appris à Dick Sand ce qu'était devenue Mrs. Weldon; comment, après l'arrivée inattendue du cousin Bénédict, il avait essayé vainement de pénétrer dans la factorerie, plus sévèrement gardée que jamais; comment, enfin, il avait trouvé cette occasion d'arracher sa prisonnière à cet horrible José-Antonio Alvez. Or, cette occasion s'était offerte ce jour même. Un mgannga, en tournée de sorcellerie, — ce célèbre magicien si impatiemment attendu, — vint à passer à travers cette forêt dans laquelle Hercule rôdait chaque nuit, épiant, guettant, prêt à tout. Sauter sur le mgannga, le dépouiller de son attirail et de son vêtement de magicien, l'attacher au pied d'un arbre avec des nœuds de liane que les Davenport eux-mêmes n'auraient pu défaire, se peindre le corps en prenant le sorcier pour modèle, et jouer son rôle afin de conjurer les pluies, tout cela avait été l'affaire de quelques heures, mais il avait fallu l'incroyable crédulité des indigènes pour s'y laisser prendre.

Dans ce récit, rapidement fait par Hercule, il n'avait point été question de Dick Sand.

« Et toi, Dick? demanda Mrs. Weldon.

— Moi, mistress Weldon! répondit le jeune novice, je ne puis rien vous dire. Ma dernière pensée avait été pour vous, pour Jack!... J'ai vainement voulu rompre les liens qui m'attachaient au poteau... L'eau a dépassé ma tête... J'ai perdu connaissance... Lorsque je suis revenu à moi, un trou perdu dans les papyrus de cette berge me servait d'abri, et Hercule, à genoux, me prodiguait ses soins!

— Dame! puisque je suis médecin, répondit Hercule, devin, sorcier, magicien, diseur de bonne aventure!...

— Hercule, demanda Mrs. Weldon, dites-moi comment avez-vous pu sauver Dick Sand?

— Est-ce bien moi, mistress Weldon? répondit Hercule. Le courant n'a-t-il pu briser le poteau auquel était lié notre capitaine, et, au milieu de la nuit, l'entraîner sur cette poutre où je l'ai recueilli à demi mort? D'ailleurs, était-il donc si difficile, dans ces ténèbres, de se glisser parmi les victimes qui tapissaient la fosse, d'attendre la rupture du barrage, de filer entre deux eaux, et, avec un peu de vigueur, d'arracher en un tour de main et notre capitaine et le poteau auquel ces coquins l'avaient lié! Il n'y avait là rien de bien extraordinaire! Le premier venu en eût fait tout autant. Tenez, M. Bénédict lui-même, ou

Dingo ! Au fait, pourquoi ne serait-ce pas Dingo?... »

Un jappement se fit entendre, et Jack, prenant la grosse tête du chien, lui donna de bonnes petites tapes d'amitié. Puis :

« Dingo, demanda-t-il, est-ce toi qui as sauvé notre ami Dick ? »

Et, en même temps, il fit aller la tête du chien de gauche à droite.

« Il dit non, Hercule ! reprit Jack. Tu vois bien que ce n'est pas lui. — Dingo, est-ce Hercule qui a sauvé notre capitaine ? »

Et le petit garçon força la bonne tête de Dingo à se mouvoir cinq ou six fois de bas en haut.

« Il dit oui, Hercule ! Il dit oui ! s'écria le petit Jack. Tu vois donc bien que c'est toi !

— Ami Dingo, répondit Hercule en caressant le chien, c'est mal ! Tu m'avais promis, pourtant, de ne pas me trahir ! »

Oui ! c'était bien Hercule qui avait joué sa vie pour sauver celle de Dick Sand. Mais, il était ainsi fait, et sa modestie ne lui permettait pas d'en convenir. D'ailleurs, il trouvait la chose toute simple, et il répéta que pas un de ses compagnons n'eût hésité à agir comme il avait agi en cette circonstance.

Cela amena Mrs. Weldon à parler du vieux Tom, de son fils, d'Actéon, de Bat, ses infortunés compagnons !

Ils étaient partis pour la région des lacs. Hercule les avait vus passer avec la caravane d'esclaves. Il les avait suivis, mais aucune occasion ne s'était offerte de pouvoir communiquer avec eux. Ils étaient partis! Ils étaient perdus!

Et au bon rire d'Hercule avaient succédé de grosses larmes qu'il ne cherchait point à retenir.

« Ne pleurez pas, mon ami, lui dit Mrs. Weldon. Qui sait si Dieu ne nous fera pas la grâce de les revoir un jour! »

Quelques mots instruisirent alors Dick Sand de tout ce qui s'était passé pendant le séjour de Mrs. Weldon à la factorerie d'Alvez.

« Peut-être, ajouta-t-elle, eût-il mieux valu demeurer à Kazonndé...

— Maladroit que je suis! s'écria Hercule.

— Non, Hercule, non! répondit Dick Sand. Ces misérables auraient trouvé moyen d'attirer monsieur Weldon dans quelque piége! Fuyons tous ensemble et sans retard! Nous serons arrivés à la côte avant que Negoro soit de retour à Mossamédès! Là, les autorités portugaises nous donneront aide et protection, et quand Alvez se présentera pour toucher les cent mille dollars.

— Cent mille coups de bâton sur le crâne de ce vieux coquin! s'écria Hercule, et je me charge de lui régler son compte! »

Cependant, c'était là une complication, bien que Mrs. Weldon, évidemment, ne pût songer à retourner à Kazonndé. Il s'agissait donc de devancer Negoro. Tous les projets ultérieurs de Dick Sand devaient tendre à ce but.

Dick Sand avait enfin mis à exécution ce plan qu'il avait depuis longtemps imaginé, de gagner le littoral en utilisant le courant d'une rivière ou d'un fleuve. Or, le cours d'eau était là, sa direction le portait au nord, et il était possible qu'il se jetât dans le Zaire. En ce cas, au lieu d'atteindre Saint-Paul de Loanda ce serait aux bouches de ce grand fleuve qu'arriveraient Mrs. Weldon et les siens. Peu importait, d'ailleurs, puisque les secours ne leur manqueraient pas dans ces colonies de la Guinée inférieure.

La première pensée de Dick Sand, décidé à descendre le courant de cette rivière, avait été de s'embarquer sur l'un de ces radeaux herbeux, sortes d'îlots flottants[1] qui dérivent en grand nombre à la surface des fleuves africains.

Mais Hercule, en rôdant pendant la nuit sur la berge, avait eu la chance de trouver une embarcation qui s'en allait en dérive. Dick Sand n'aurait pu en souhaiter une meilleure, et le hasard l'avait bien servi. En effet,

---

1. Cameron parle souvent de ces îlots flottants.

ce n'était point une de ces étroites barques dont les indigènes font le plus ordinairement usage. La pirogue, trouvée par Hercule, était de celles dont la longueur dépasse trente pieds, la largeur quatre, et que de nombreux pagayeurs enlèvent rapidement sur les eaux des grands lacs. Mrs. Weldon et ses compagnons pourraient donc s'y installer à l'aise, et il suffirait de la maintenir dans le fil de l'eau au moyen d'une godille pour descendre le courant du fleuve.

Tout d'abord, Dick Sand, voulant passer sans être vu, avait formé le projet de ne voyager que la nuit. Mais, à ne dériver que douze heures sur vingt-quatre, c'était doubler la durée d'un trajet qui pouvait être long. Très-heureusement, Dick Sand eut l'idée de faire recouvrir la pirogue d'un dôme de longues herbes que soutenait une perche, élongée de l'avant à l'arrière, et qui, pendant sur les eaux, cachaient même la longue godille. On eût dit un amas herbeux qui dérivait au fil de l'eau, au milieu des îlots mouvants. Telle était même l'ingénieuse disposition de ce chaume que les oiseaux s'y méprenaient, et, voyant là des graines à picorer, mouettes à becs rouges, « arrhinngas » noirs de plumage, alcyons gris et blancs, venaient s'y poser fréquemment.

En outre, ce toit verdoyant formait un abri contre les ardeurs du soleil. Un voyage exécuté dans ces conditions pouvait donc s'accomplir à peu près sans fatigue, mais non sans danger.

En effet, le trajet devait être long, et il serait nécessaire de se procurer la nourriture de chaque jour. De là, nécessité de chasser sur les rives, si la pêche ne suffisait pas, et Dick Sand n'avait pour toute arme à feu que le fusil emporté par Hercule, après l'attaque de la fourmilière. Mais il comptait bien ne pas perdre un seul de ses coups. Peut-être même, en passant son fusil à travers le chaume de l'embarcation, pourrait-il tirer plus sûrement, comme un huttier à travers les trous de sa hutte.

Cependant la pirogue dérivait sous l'action d'un courant que Dick Sand n'estimait pas à moins de deux milles à l'heure. Il espérait donc faire une cinquantaine de milles entre deux levers de soleil. Mais, en raison même de la rapidité de ce courant, il fallait une surveillance continuelle pour éviter les obstacles, roches, troncs d'arbres, hauts-fonds du fleuve. De plus, il y avait à craindre que ce courant ne se changeât en rapides, en cataractes, ce qui est fréquent sur les rivières africaines.

Dick Sand, auquel la joie d'avoir revu Mrs. Weldon et son enfant avait rendu ses forces, s'était posté à l'avant de la pirogue. A travers les longues herbes, son regard observait le cours en aval, et, soit de la voix, soit du geste, il indiquait à Hercule, dont la vigoureuse main tenait la godille, ce qu'il fallait faire pour se maintenir en bonne direction.

Mrs. Weldon, étendue au centre, sur une litière de feuilles sèches, s'absorbait dans ses pensées. Cousin Bénédict, taciturne, fronçant le sourcil à la vue d'Hercule, auquel il ne pardonnait pas son intervention dans l'affaire de la manticore, songeant à sa collection perdue, à ses notes d'entomologiste dont les indigènes de Kazonndé n'apprécieraient pas la valeur, était là, les jambes allongées, les bras croisés sur la poitrine, et, parfois, il faisait le geste instinctif de relever sur son front les lunettes que son nez ne supportait plus. Quant au petit Jack, il avait compris qu'il ne fallait pas faire de bruit ; mais, comme remuer n'était pas défendu, il imitait son ami Dingo et courait à quatre pattes d'un bout de l'embarcation à l'autre.

Pendant les deux premiers jours, la nourriture de Mrs. Weldon et de ses compagnons se prit sur les réserves qu'Hercule avait pu se procurer avant le départ. Dick Sand ne s'arrêta donc que pendant quelques heures de nuit, afin de se donner un peu de repos. Mais il ne débarqua pas, ne voulant le faire que lorsque la nécessité de renouveler les provisions l'y obligerait.

Nul incident ne marqua ce début du voyage sur

cette rivière inconnue, qui ne mesurait pas, en moyenne, plus de cent cinquante pieds de large. Quelques îlots dérivaient à sa surface et marchaient avec la même vitesse que l'embarcation. Donc, nulle crainte de les aborder, si quelque obstacle ne les arrêtait pas.

Les rives, d'ailleurs, semblaient être désertes. Evidemment, ces portions du territoire de Kazonndé étaient peu fréquentées par les indigènes.

Sur les berges, nombre de plantes sauvages se reproduisaient à profusion et les relevaient des plus vives couleurs. Asclépias, glaïeuls, lis, clématites, balsamines, ombellifères, aloès, fougères arborescentes, arbustes odoriférants, formaient une bordure d'un incomparable éclat. Quelques forêts venaient aussi tremper leur lisière dans ces eaux rapides. Des arbres à copal, des acacias à feuilles raides, des « bauhinias » à bois de fer, dont le tronc avait revêtu une fourrure de lichens du côté exposé aux vents les plus froids, des figuiers qui s'élevaient sur des racines disposées en forme de pilotis comme des mangliers, et autres arbres de magnifique venue, se penchaient sur la rivière. Leurs hautes cimes, se rejoignant à cent pieds au-dessus, formaient alors un berceau que les rayons solaires ne pouvaient percer. Souvent, aussi, ils jetaient un pont de lianes d'une rive à l'autre, et, dans la journée du 27, le petit Jack, non sans grande admiration, vit une bande de singes traverser une de ces passerelles végétales, en se tenant par la queue pour le cas où elle se fût rompue sous leur poids.

Ces singes, de cette espèce de petits chimpanzés qui a reçu le nom de « sokos », dans l'Afrique centrale, sont d'assez vilains échantillons de la gent simiesque : front bas, face d'un jaune clair, oreilles haut placées. Ils vivent par bandes d'une dizaine, aboient comme feraient des chiens courants, et sont redoutés des indigènes, dont ils enlèvent quelquefois les enfants pour les égratigner ou les mordre. En passant le pont de lianes, ils ne se doutaient guère que sous cet amas d'herbes que le courant entraînait, il y avait précisément un petit garçon dont ils eussent fait leur amusement. L'appareil, imaginé par Dick Sand, était donc bien disposé, puisque ces bêtes perspicaces s'y trompaient.

Vingt milles plus loin, dans cette même journée, l'embarcation fut soudain arrêtée dans sa marche.

« Qu'y a-t-il ? demanda Hercule, toujours posté à sa godille.

— Un barrage, répondit Dick Sand, mais un barrage naturel.

— Il faut le briser, monsieur Dick !

— Oui, Hercule, et à coups de hache. Quelques îlots ont dérivé sur lui, et il a résisté !

— A l'ouvrage, mon capitaine ! A l'ouvrage ! » répondit Hercule, qui vint se placer sur le devant de la pirogue.

Ce barrage était formé par l'entrelacement de cette herbe tenace à feuilles lustrées, qui se feutre d'elle-même en se pressant et devient très-résistante. On l'appelle « tikatika », et elle permet de traverser des cours d'eau à pied sec, si l'on ne craint pas d'enfoncer d'une douzaine de pouces dans son tablier herbeux. De magnifiques ramifications de lotus recouvraient la surface de ce barrage.

Il faisait déjà sombre. Hercule put, sans trop d'imprudence, quitter l'embarcation, et il mania si adroitement sa hache, que, deux heures après, le barrage avait cédé, le courant repliait sur les rives ses deux moitiés rompues, et la pirogue reprenait le fil de l'eau.

Faut-il l'avouer ! Ce grand enfant de cousin Bénédict avait un instant espéré qu'on ne passerait pas. Un pareil voyage lui paraissait fastidieux. Il en était à regretter la factorerie de José-Antonio Alvez et la hutte où sa précieuse boîte d'entomologiste se trouvait encore. Son chagrin était très-réel, et, au fond, le pauvre homme faisait peine à voir. Pas un insecte, non ! pas un seul à recueillir !

Quelle fut donc sa joie, quand Hercule, — « son élève » après tout, — lui rapporta une horrible petite bête qu'il venait de recueillir sur un brin de cette tikatika. Chose singulière, le brave noir semblait même un peu confus en la lui remettant.

Mais, quelles exclamations cousin Bénédict poussa, lorsque cet insecte, qu'il tenait entre l'index et le pouce, il l'eut approché le plus près possible de ses yeux de myope, auxquels ni lunette ni loupe ne pouvaient maintenant venir en aide.

« Hercule! s'écria-t-il, Hercule! Ah! voilà qui te vaut ton pardon! Cousine Weldon! Dick! Un hexapode unique en son genre et d'origine africaine! Celui-là, du moins, on ne me le contestera pas, et il ne me quittera qu'avec la vie!

— C'est donc bien précieux? demanda Mrs. Weldon.

— Si cela est précieux! s'écria cousin Bénédict. Un insecte qui n'est ni un coléoptère, ni un névroptère, ni un hyménoptère, qui n'appartient à aucun des dix ordres reconnus par les savants, et qu'on serait tenté de ranger plutôt dans la seconde section des arachnides! Une sorte d'araignée, qui serait araignée, si elle avait huit pattes, et qui est pourtant un hexapode, puisqu'elle n'en a que six? Ah! mes amis, le ciel me devait cette joie, et j'attacherai enfin mon nom à une découverte scientifique! Cet insecte-là, ce sera l' « Hexapodes Benedictus! »

L'enthousiaste savant était si heureux, il oubliait

tant de misères passées et à venir en chevauchant son dada favori, que ni Mrs. Weldon, ni Dick Sand ne lui épargnèrent les félicitations.

Pendant ce temps, la pirogue filait sur les eaux sombres de la rivière. Le silence de la nuit n'était troublé que par le cliquetis d'écailles des crocodiles ou le ronflement des hippopotames qui s'ébattaient sur les berges.

Puis, à travers les brindilles du chaume, la lune, apparaissant derrière les cime d'arbres, projeta ses douces lueurs jusqu'à l'intérieur de l'embarcation.

Soudain, sur la rive droite, il se fit un lointain brouhaha, puis un bruit sourd, comme si des pompes géantes eussent fonctionné dans l'ombre.

C'étaient plusieurs centaines d'éléphants, qui, rassasiés des racines ligneuses qu'ils avaient dévorées pendant le jour, venaient se désaltérer avant l'heure du repos. On eût vraiment pu croire que toutes ces trompes, s'abaissant et se relevant par un même mouvement automatique, allaient assécher la rivière!

CHAPITRE XVIII

DIVERS INCIDENTS

Pendant huit jours, l'embarcation dériva, sous l'impulsion du courant, dans les conditions qui ont été relatées. Aucun incident de quelque importance ne se produisit. Sur un espace de plusieurs milles, la rivière baignait la lisière de forêts superbes ; puis, le pays, dépouillé de ces beaux arbres, laissait les jungles s'étendre jusqu'aux limites de l'horizon.

Si les indigènes manquaient à cette contrée, — ce dont Dick Sand ne songeait nullement à se plaindre, — les animaux du moins y foisonnaient. C'étaient des zèbres qui jouaient sur les rives, des élans, des « caamas », sortes d'antilopes extrêmement gracieuses, qui disparaissaient avec la nuit pour faire place aux léopards, dont on entendait les hurlements, et même aux lions, qui bondissaient dans les hautes herbes. Jusqu'alors, les fugitifs n'avaient aucunement eu à souffrir de ces féroces carnassiers, ni de ceux de la forêt, ni de ceux de la rivière.

Cependant, chaque jour, le plus ordinairement dans l'après-midi, Dick Sand se rapprochait d'une rive ou de l'autre, l'accostait, y débarquait et explorait les parties voisines de la berge.

Il fallait, en effet, renouveler la nourriture quotidienne. Or, dans ce pays privé de toute culture, on ne pouvait compter sur le manioc, le sorgho, le maïs, les fruits, qui forment l'alimentation végétale des tribus indigènes. Ces végétaux ne poussaient là qu'à l'état sauvage et n'étaient point comestibles. Dick Sand était donc forcé de chasser, bien que la détonation de son fusil pût lui attirer quelque mauvaise rencontre.

On faisait du feu en faisant tourner un bâtonnet dans une baguette de figuier sauvage, à la mode indigène, ou même à la mode simiesque, puisqu'on affirme que certains gorilles se procurent du feu de cette façon. Puis, on cuisait pour plusieurs jours un peu de chair d'élan ou d'antilope. Dans la journée du 4 juillet, Dick Sand parvint même à tuer d'une seule balle un « pokou », qui lui donna une bonne réserve de venaison. C'était un animal long de cinq pieds, muni de longues cornes garnies d'anneaux, jaune-rouge de robe, ocellé de points brillants, blanc de ventre, et dont la chair fut trouvée excellente.

Il s'ensuivit donc qu'en tenant compte de ces débarquements presque quotidiens et des heures de repos qu'il fallait prendre pendant la nuit, le parcours, au 8 juillet, ne devait pas être estimé à plus de cent milles C'était considérable, pourtant, et déjà Dick Sand se demandait jusqu'où l'entraînerait cette rivière interminable, dont le cours n'absorbait encore que de minces tributaires et qui ne s'élargissait pas sensiblement. Quant à sa direction générale, après avoir été longtemps nord, elle s'infléchissait alors vers le nord-ouest.

En tout cas, cette rivière fournissait aussi sa part de nourriture. De longues lianes, armées d'épines en guise d'hameçon, rapportèrent quelques-uns de ces « sandjikas », très-délicats au goût, qui, une fois boucanés, se transportent aisément dans toute cette région, des « usakas » noirs assez estimés, des « monndés » à têtes larges, dont les gencives ont pour dents des crins de brosse, des petits « dagalas », amis des eaux courantes, appartenant au genre clupe, et qui rappellent les « whitebaits » de la Tamise.

Dans la journée du 9 juillet, Dick Sand eut à faire

preuve d'un extrême sang-froid. Il était seul à terre, à l'affût d'un caama dont les cornes se montraient au-dessus d'un taillis, et il venait de le tirer, lorsque bondit, à trente pas, un formidable chasseur, qui sans doute venait réclamer sa proie et n'était pas d'humeur à l'abandonner.

C'était un lion de grande taille, de ceux que les indigènes appellent « karamos », et non de cette espèce sans crinière, dite « lion du Nyassi ». Celui-là mesurait cinq pieds de haut, — une bête formidable.

Du bond qu'il avait fait, le lion était tombé sur le caama que la balle de Dick Sand venait de jeter à terre, et qui, plein de vie encore, palpitait en criant sous la patte du terrible animal.

Dick Sand, désarmé, n'avait pas eu le temps de glisser une seconde cartouche dans son fusil.

Du premier coup, le lion l'avait aperçu, mais il se contenta d'abord de le regarder.

Dick Sand fut assez maître de lui pour ne pas faire un mouvement. Il se souvint qu'en pareille circonstance l'immobilité peut être le salut. Il ne tenta pas de recharger son arme, il n'essaya même pas de fuir.

Le lion le regardait toujours de ses yeux de chat, rouges et lumineux. Il hésitait entre deux proies, celle qui remuait et celle qui ne remuait pas. Si le caama ne se fût pas tordu sous la griffe du lion, Dick Sand eût été perdu.

Deux minutes s'écoulèrent ainsi. Le lion regardait Dick Sand, et Dick Sand regardait le lion, sans même remuer ses paupières.

Et alors, d'un superbe coup de gueule, le lion, enlevant le caama tout pantelant, l'emporta comme un chien eût fait d'un lièvre, et, battant les arbustes de sa formidable queue, il disparut dans le haut taillis.

Dick Sand demeura immobile quelques instants encore, puis quitta la place, et ayant rejoint ses compagnons, il ne leur dit rien du danger auquel son sang-froid lui avait permis d'échapper. Mais si, au lieu de dériver à ce rapide courant, les fugitifs avaient dû passer à travers les plaines et les forêts fréquentées par de semblables fauves, peut-être, à l'heure qu'il est, ne compterait-on plus un seul des naufragés du *Pilgrim*.

Cependant, si le pays était inhabité alors, il ne l'avait pas toujours été. Plus d'une fois, sur certaines dépressions du terrain, on aurait pu retrouver des traces d'anciens villages. Un voyageur habitué à parcourir ces régions, ainsi que l'a fait David Livingstone, ne s'y fût pas trompé. A voir ces hautes palissades d'euphorbes qui survivaient aux huttes de chaume, et ce figuier sacré, isolément dressé au milieu de l'enceinte, il eût affirmé qu'une bourgade s'était élevée là. Mais, suivant les usages indigènes, la mort d'un chef avait suffi pour obliger les habitants à abandonner leur demeure, et à la transporter en un autre point du territoire.

Peut-être aussi, dans cette contrée que traversait la rivière, des tribus vivaient-elles sous terre comme en d'autres parties de l'Afrique. Ces sauvages, placés au dernier degré de l'humanité, n'apparaissent que la nuit hors de leurs trous comme des animaux hors de leur tanière, et les uns eussent été aussi redoutables à rencontrer que les autres.

Quant à douter que ce fût bien ici le pays des anthropophages, Dick Sand ne le pouvait pas. Trois ou quatre fois, dans quelque clairière, au milieu de cendres à peine refroidies, il trouva des ossements humains à demi calcinés, restes de quelque horrible repas. Or, ces cannibales du haut Kazonndé, une funeste chance pouvait les amener sur ces berges, au moment où Dick Sand y débarquait. Aussi ne s'arrêtait-il plus sans grande nécessité, et non sans avoir fait promettre à Hercule qu'à la moindre alerte l'embarcation serait repoussée au large. Le brave noir l'avait promis, mais, lorsque Dick Sand prenait pied sur la rive, ce n'était pas sans peine qu'il cachait sa mortelle inquiétude à Mrs. Weldon.

16.

Pendant la soirée du 10 juillet, il fallut redoubler de prudence. Sur la droite de la rivière s'élevait un village d'habitations lacustres. L'élargissement du lit avait formé là une sorte de lagon, dont les eaux baignaient une trentaine de huttes bâties sur pilotis. Le courant s'engageait sous ces huttes, et l'embarcation devait l'y suivre, car, vers la gauche, la rivière, semée de roches, n'était pas praticable.

Or, le village était habité. Quelques feux brillaient au-dessous des chaumes. On entendait des voix qui semblaient tenir du rugissement. Si par malheur, ainsi que cela arrive fréquemment, des filets étaient tendus entre les pilotis, l'éveil pourrait être donné pendant que la pirogue chercherait à forcer le passage.

Dick Sand, à l'avant, baissant la voix, donnait des indications pour éviter tout choc contre ces substructions vermoulues. La nuit était claire. On y voyait assez pour se diriger, mais assez aussi pour être vu.

Il y eut un terrible instant. Deux indigènes, qui causaient à voix haute, étaient accroupis au ras de l'eau sur des pilotis, entre lesquels le courant entraînait l'embarcation, dont la direction ne pouvait être modifiée à travers une passe fort étroite. Or, ne la verraient-ils pas, et, à leurs cris, ne devait-on pas craindre que toute la bourgade ne s'éveillât?

Un espace de cent pieds au plus restait à parcourir, lorsque Dick Sand entendit les deux indigènes s'interpeller plus vivement. L'un montrait à l'autre l'amas herbeux qui dérivait, et menaçait de déchirer les filets de lianes qu'ils étaient occupés à tendre en ce moment.

Aussi, tout en les relevant en grande hâte, appelèrent-ils, afin qu'on vînt les aider.

Cinq ou six autres noirs dégringolèrent aussitôt le long des pilotis et se postèrent sur les poutres transversales qui les reliaient, en jetant des clameurs dont on ne peut se faire une idée.

Dans la pirogue, au contraire, silence absolu, si ce n'est quelques ordres de Dick Sand donnés à voix basse; immobilité complète, si ce n'est un mouvement de va-et-vient du bras droit d'Hercule, manœuvrant la godille; parfois, un grondement sourd de Dingo, dont Jack comprimait les deux mâchoires avec ses petites mains; au dehors, le murmure du courant qui se brisait aux pilotis; puis, au-dessus, les cris de bêtes fauves des cannibales.

Les indigènes, cependant, halaient rapidement leurs filets. S'ils étaient relevés à temps, l'embarcation passerait, sinon elle s'y embarrasserait, et c'en était fait de tous ceux qui dérivaient avec elle! Quant à modifier ou à suspendre sa marche, Dick

Sand le pouvait d'autant moins, que le courant, plus fort sous cette substruction rétrécie, l'entraînait plus rapidement.

En une demi-minute, la pirogue fut engagée entre les pilotis. Par une chance inouïe, un dernier effort des indigènes avait relevé les filets.

Mais, en passant, ainsi que l'avait craint Dick Sand, l'embarcation fut dépouillée d'une partie des herbes qui flottaient sur son flanc droit.

Un des indigènes poussa un cri. Avait-il eu le temps de reconnaître ce que cachait ce chaume, et venait-il d'avertir ses camarades?... C'était plus que probable.

Dick Sand et les siens étaient déjà hors de portée, et, en quelques instants, sous l'impulsion de ce courant transformé en une sorte de rapide, ils avaient perdu de vue la bourgade lacustre.

« A la rive gauche! commanda Dick Sand par prudence. Le lit est redevenu praticable !

— A la rive gauche », répondit Hercule, en donnant un vigoureux coup de godille.

Dick Sand vint se placer près de lui et observa la surface des eaux que la lune éclairait vivement. Il ne vit rien de suspect. Pas une pirogue ne s'était mise à sa poursuite. Peut-être ces sauvages n'en avaient-ils pas, et, lorsque le jour se leva, aucun indigène n'apparaissait, ni sur la rivière, ni sur ses berges. Toutefois, et par surcroît de précaution, l'embarcation tint constamment la rive gauche.

Pendant les quatre jours suivants, du 11 au 14 juillet, Mrs. Weldon et ses compagnons ne furent pas sans remarquer que cette portion du territoire s'était modifiée sensiblement. Ce n'était plus seulement un pays désert, mais le désert lui-même, et on aurait pu le comparer à ce Kalahari, exploré par Livingstone pendant son premier voyage. Le sol aride ne rappelait en rien les fertiles campagnes de la haute contrée.

Et toujours cette interminable rivière, à laquelle on pouvait bien donner le nom de fleuve, puisqu'il semblait qu'elle dût aboutir à l'Atlantique même !

La question de nourriture, en cet aride pays, devint difficile à résoudre. Il ne restait plus rien des réserves précédentes. La pêche donnait peu, la chasse ne rapportait plus rien. Élans, antilopes, pokous et autres animaux n'auraient pas trouvé à vivre dans ce désert, et avec eux avaient aussi disparu les carnassiers.

Aussi les nuits ne retentissaient-elles plus des rugissements accoutumés. Ce qui troublait uniquement leur silence, c'était ce concert des grenouilles, que Cameron compare au bruit des calfats qui calfatent, des riveurs qui rivent, des foreurs qui forent dans un chantier de construction navale.

La campagne, sur les deux rives, était plate et dépouillée d'arbres jusqu'aux lointaines collines qui la limitaient dans l'est et dans l'ouest. Les euphorbes y poussaient seuls et à profusion, — non de ces euphorbiacées qui produisent la cassave ou farine de manioc, mais de celles dont on ne tire qu'une huile qui ne peut servir à l'alimentation.

Il fallait, cependant, pourvoir à la nourriture. Dick Sand ne savait comment faire, quand Hercule lui rappela fort à propos que les indigènes mangeaient souvent de jeunes pousses de fougères et cette moelle que contient la tige du papyrus. Lui-même, pendant qu'il suivait à travers la forêt la caravane d'Ibn Hamis, avait été plus d'une fois réduit à cet expédient pour apaiser sa faim. Très-heureusement, les fougères et les papyrus abondaient le long des berges, et la moelle, dont la saveur est sucrée, fut appréciée de tous, — du petit Jack plus particulièrement.

Ce n'était qu'une substance peu réconfortante, cependant; mais, le lendemain, grâce au cousin Bénédict, on fut mieux servi.

Depuis la découverte de l'« Hexapodes Benedictus », qui devait immortaliser son nom, cousin Bénédict avait repris ses allures. L'insecte mis en lieu sûr, c'est-à-dire piqué dans la coiffe de son chapeau, le savant s'était remis en quête pendant les heures de débarquement. Ce fut ce jour-là, en furetant dans les hautes herbes, qu'il fit lever un oiseau dont le ramage attira son attention.

Dick Sand allait le tirer, lorsque cousin Bénédict s'écria :

« Ne tirez pas, Dick, ne tirez pas! Un oiseau pour cinq personnes, ce serait insuffisant!

— Il suffira à Jack, répondit Dick Sand, en ajustant une seconde fois l'oiseau, qui ne se hâtait pas de s'envoler.

— Non! non! reprit cousin Bénédict! Ne tirez pas. C'est un indicateur, et il va nous procurer du miel en abondance! »

Dick Sand abaissa son fusil, estimant, en somme, que quelques livres de miel valaient mieux qu'un oiseau, et, aussitôt, cousin Bénédict et lui de suivre l'indicateur, qui, se posant et s'envolant tour à tour, les invitait à l'accompagner.

Ils n'eurent pas à aller loin, et, quelques minutes après, de vieux troncs cachés entre les euphorbes apparaissaient au milieu d'un intense bourdonnement d'abeilles.

Cousin Bénédict eût peut-être voulu ne pas dépouiller ces industrieux hyménoptères « du fruit de leur travail » — ce fut ainsi qu'il s'exprima. Mais Dick Sand ne l'entendit pas ainsi. Il enfuma les abeilles avec des herbes sèches, et s'empara d'une quantité considérable de miel. Puis, abandonnant à l'indicateur les gâteaux de cire, qui forment sa part de profit, cousin Bénédict et lui revinrent à l'embarcation.

Le miel fut bien reçu, mais c'eût été peu, en somme, et tous auraient cruellement souffert de la faim, si, dans la journée du 12, la pirogue ne se fût pas arrêtée près d'une crique où pullulaient les sauterelles. C'était par myriades, sur deux et trois rangs, qu'elles couvraient le sol et les arbustes. Or, cousin Bénédict, n'ayant pas manqué de dire que les indigènes se nourrissent fréquemment de ces orthoptères, — ce qui était parfaitement exact, — on fit main-basse sur cette manne. Il y avait de quoi en charger dix fois l'embarcation, et, grillées au-dessus d'un feu doux, ces sauterelles comestibles eussent paru excellentes, même à des gens moins affamés. Cousin Bénédict, pour sa part, en mangea une notable quantité, — en soupirant, il est vrai, — mais enfin il en mangea.

Néanmoins, il était temps que cette longue série d'épreuves morales et physiques prît fin. Bien que la dérive, sur cette rapide rivière, ne fût pas fatigante comme l'avait été la marche dans les premières forêts du littoral, la chaleur excessive du jour, les buées humides de la nuit, les attaques incessantes des moustiques, tout rendait très-pénible encore cette descente du cours d'eau. Il était temps d'arriver et, cependant, Dick Sand ne pouvait encore assigner aucun terme à ce voyage! Durerait-il huit jours ou un mois? rien ne l'indiquait. Si la rivière eût couru franchement dans l'ouest, on se fût déjà trouvé sur la côte nord de l'Angola ; mais la direction générale avait été plutôt nord, et l'on pouvait aller longtemps ainsi avant d'atteindre le littoral.

Dick Sand était donc extrêmement inquiet, lorsqu'un changement de direction se produisit soudain, dans la matinée du 14 juillet.

Le petit Jack était à l'avant de l'embarcation, et regardait à travers les chaumes, lorsqu'un grand espace d'eau apparut à l'horizon.

« La mer ! » s'écria-t-il.

A ce mot, Dick Sand tressaillit et vint près du petit Jack.

« La mer! répondit-il. Non, pas encore, mais du moins un fleuve qui court vers l'ouest, et dont cette rivière n'était qu'un affluent! Peut-être est-ce le Zaire lui-même !

—Dieu t'entende, Dick! » répondit Mrs. Weldon.

Oui! car si c'était ce Zaire ou Congo que Stanley devait reconnaître quelques années plus tard, il n'y avait plus qu'à descendre son cours pour atteindre les bourgades portugaises de l'embouchure. Dick Sand espéra qu'il en serait ainsi et il était fondé à le croire.

Pendant les 15, 16, 17 et 18 juillet, au milieu d'un pays moins aride, l'embarcation dériva sur les eaux argentées du fleuve. Toutefois, mêmes précautions prises, et ce fut toujours un amas d'herbes que le courant sembla entraîner à la dérive.

Encore quelques jours, sans doute, et les survivants du *Pilgrim* verraient le terme de leurs misères. La part de dévouement serait alors faite à chacun, et si le jeune novice n'en revendiquait pas la plus grande, Mrs. Weldon saurait bien la revendiquer pour lui.

Mais, le 18 juillet, pendant la nuit, il se produisit un incident, qui allait compromettre le salut de tous.

Vers trois heures du matin, un bruit lointain, très-sourd encore, se fit entendre dans l'ouest. Dick Sand, très-anxieux, voulut savoir ce qui produisait ce bruit. Pendant que Mrs. Weldon, Jack et cousin Bénédict dormaient au fond de l'embarcation, il appela Hercule à l'avant et lui recommanda d'écouter avec la plus grande attention.

La nuit était calme. Pas un souffle n'agitait les couches atmosphériques.

« C'est le bruit de la mer ! dit Hercule, dont les yeux brillèrent de joie.

— Non, répondit Dick Sand, qui secoua la tête.

— Qu'est-ce donc ? demande Hercule.

« — Attendons le jour, mais veillons avec le plus grand soin. »

Sur cette réponse, Hercule retourna à l'arrière.

Dick Sand resta posté à l'avant. Il écoutait toujours. Le bruit s'accroissait. Ce fut bientôt comme un mugissement éloigné.

Le jour parut, presque sans aube. En aval, au-dessus du fleuve, à un demi-mille environ, une sorte de nuage flottait dans l'atmosphère. Mais ce n'étaient pas là des vapeurs, et cela ne fut que trop évident, lorsque, sous les premiers rayons solaires qui se réfractèrent en les traversant, un admirable arc-en-ciel se développa d'une berge à l'autre.

« A la rive! s'écria Dick Sand, dont la voix réveilla Mrs. Weldon. Il y a des cataractes! Ces nuages ne sont que de l'eau pulvérisée! A la rive, Hercule! »

Dick Sand ne se trompait pas. En aval, le sol manquait de plus de cent pieds au lit du fleuve, dont les eaux se précipitaient avec une superbe mais irrésistible impétuosité. Un demi-mille encore, et l'embarcation eût été entraînée dans l'abime.

CHAPITRE XIX

S. V.

Hercule, d'un vigoureux coup de godille, s'était lancé vers la rive gauche. Le courant, d'ailleurs, n'était pas accéléré en cet endroit, et le lit du fleuve conservait jusqu'aux chutes sa pente normale. C'était, on l'a dit, le sol qui manquait subitement, et l'attraction ne se faisait sentir que trois ou quatre cents pieds en amont de la cataracte.

Sur la rive gauche s'élevaient de grands bois, très-épais. Aucune lumière ne filtrait à travers leur impénétrable rideau. Dick Sand ne regardait pas sans terreur ce territoire, habité par les cannibales du Congo inférieur, qu'il faudrait maintenant traverser, puisque l'embarcation ne pouvait plus en suivre le cours. Quant à la transporter au-dessous des chutes, il n'y fallait pas songer. C'était donc là un coup terrible qui frappait ces pauvres gens, à la veille peut-être d'atteindre les bourgades portugaises de l'embouchure. Ils s'étaient bien aidés, cependant! Le ciel ne leur viendrait-il donc pas en aide?

La barque eut bientôt atteint la rive gauche du fleuve. A mesure qu'elle s'en approchait, Dingo avait donné d'étranges marques d'impatience et de douleur à la fois.

Dick Sand, qui l'observait, — car tout était danger, — se demanda si quelque fauve ou quelque indigène n'était pas tapi dans les hauts papyrus de la berge. Mais il reconnut bientôt que ce n'était pas un sentiment de colère qui agitait l'animal.

« On dirait qu'il pleure ! » s'écria le petit Jack, en entourant Dingo de ses deux bras.

Dingo lui échappa, et, sautant dans l'eau, lorsque la pirogue n'était plus qu'à vingt pieds de la rive, il atteignit la berge et disparut dans les herbes.

Ni Mrs. Weldon, ni Dick Sand, ni Hercule ne savaient que penser.

Ils abordaient, quelques instants après, au milieu d'une écume verte de conferves et d'autres plantes aquatiques. Quelques martins-pêcheurs, poussant un sifflet aigu, et de petits hérons, blancs comme la neige, s'envolèrent aussitôt. Hercule amarra fortement l'embarcation à une souche de manglier, et tous gravirent la berge, au-dessus de laquelle se penchaient de grands arbres.

Nul sentier frayé dans cette forêt. Cependant, les mousses foulées du sol indiquaient que cet endroit avait été récemment visité par les indigènes ou les animaux.

Dick Sand, le fusil armé, Hercule, la hache à la main, n'avaient pas fait dix pas qu'ils retrouvaient Dingo. Le chien, le nez à terre, suivait une piste, faisant toujours entendre des aboiements. Un premier pressentiment inexplicable l'avait attiré sur cette partie de la rive, un second l'entraînait alors dans les profondeurs du bois. Cela fut nettement visible pour tous.

« Attention! dit Dick Sand. Mistress Weldon, monsieur Bénédict, Jack, ne nous quittez pas! — Attention, Hercule! »

En ce moment, Dingo relevait la tête, et, par petits bonds, il invitait à le suivre.

Un instant après, Mrs. Weldon et ses compagnons le rejoignaient au pied d'un vieux sycomore, perdu au plus épais du bois.

Là s'élevait une hutte délabrée, aux ais disjoints, devant laquelle Dingo aboyait lamentablement.

« Qui donc est là ? » s'écria Dick Sand.

Il entra dans la hutte.

Mrs. Weldon et les autres le suivirent.

Le sol était jonché d'ossements, déjà blanchis sous l'action décolorante de l'atmosphère.

« Un homme est mort dans cette hutte ! dit Mrs. Weldon.

— Et cet homme, Dingo le connaissait ! répondit Dick Sand. C'était, ce devait être son maître ! Ah ! voyez ! »

Dick Sand montrait au fond de la hutte le tronc dénudé du sycomore.

Là apparaissaient deux grandes lettres rouges, presque effacées déjà, mais qu'on pouvait distinguer encore.

Dingo avait posé sa patte droite sur l'arbre, et il semblait les indiquer...

« S. V. ! s'écria Dick Sand. Ces lettres que Dingo a reconnues entre toutes ! Ces initiales qu'il porte sur son collier !... »

Il n'acheva pas, et se baissant, il ramassa une petite boîte de cuivre tout oxydée, qui se trouvait dans un coin de la hutte.

Cette boîte fut ouverte, et il s'en échappa un morceau de papier, sur lequel Dick Sand lut ces quelques mots :

« *Assassiné... volé par mon guide Negoro...* 3 *décembre* 1871... *ici*... *à* 120 *milles de la côte... Dingo !... à moi !...*

« S. *Vernon.* »

Le billet disait tout. Samuel Vernon, parti avec son chien Dingo pour explorer le centre de l'Afrique, était guidé par Negoro. L'argent qu'il emportait avait excité la convoitise du misérable, qui résolut de s'en emparer. Le voyageur français, arrivé sur ce point des rives du Congo, avait établi son campement dans cette hutte. Là, il fut mortellement frappé, volé, abandonné... Le meurtre accompli, Negoro prit la fuite sans doute, et ce fut alors qu'il tomba entre les mains des Portugais. Reconnu comme un des agents du traitant Alvez, conduit à Saint-Paul de Loanda, il fut condamné à finir ses jours dans un des pénitenciers de la colonie. On sait qu'il parvint à s'évader, à gagner la Nouvelle-Zélande, et comment il s'embarqua sur le *Pilgrim* pour le malheur de ceux qui y avaient pris passage. Mais qu'était-il arrivé après le crime ? rien qui ne fût facile à comprendre ! L'infortuné Vernon, avant de mourir, avait évidemment eu le temps d'écrire le billet qui, avec la date et le mobile de l'assassinat, donnait le nom de l'assassin. Ce billet, il l'avait enfermé dans cette boîte où, sans doute, se trouvait l'argent volé, et, dans un dernier effort, son doigt ensanglanté avait tracé comme une épitaphe les initiales de son nom... Devant ces deux lettres rouges, Dingo avait dû rester bien des jours! Il avait appris à les connaître! Il ne devait plus les oublier! Puis, revenu à la côte, il avait été recueilli par le capitaine du *Waldeck* et enfin à bord du *Pilgrim*, où il se retrouvait avec Negoro. Pendant ce temps, les ossements du voyageur blanchissaient au fond de cette forêt perdue de l'Afrique centrale, et il ne revivait plus que dans le souvenir de son chien. Oui! les choses avaient dû se passer ainsi, et Dick Sand et Hercule se disposaient à donner une sépulture chrétienne aux restes de Samuel Vernon, lorsque Dingo, poussant un hurlement de rage, cette fois, s'élança hors de la hutte.

Presque aussitôt, des cris horribles se firent entendre à courte distance. Évidemment, un homme était aux prises avec le vigoureux animal.

Hercule fit ce qu'avait fait Dingo. Il bondit à son tour hors de la hutte, et Dick Sand, Mrs. Weldon, Jack, Bénédict, suivant ses traces, le virent se précipiter sur un homme, qui se roula à terre, tenu à la gorge par les redoutables crocs du chien.

C'était Negoro.

En se rendant à l'embouchure du Zaïre, afin de

s'embarquer pour l'Amérique, ce coquin, après avoir laissé son escorte en arrière, était venu à l'endroit même où il avait assassiné le voyageur qui s'était confié à lui.

Mais ce n'était pas sans raison, et tous le comprirent, quand ils aperçurent quelques poignées d'or français qui brillait dans un trou récemment creusé au pied d'un arbre. Il était donc évident qu'après le meurtre et avant de tomber aux mains des Portugais, Negoro avait caché le produit du vol avec l'intention de revenir un jour le reprendre, et il allait s'emparer de tout cet or, lorsque Dingo, le dépistant, lui sauta à la gorge. Le misérable, surpris, avait tiré son coutelas et frappé le chien, au moment où Hercule se jetait sur lui en criant :

« Ah ! coquin ! Je vais donc enfin t'étrangler ! »

Ce n'était plus à faire ! Le Portugais ne donnait plus signe de vie, frappé, on peut le dire, par la justice divine, et sur le lieu même où le crime avait été commis. Mais le fidèle chien avait reçu un coup mortel, et, se traînant jusqu'à la hutte, il vint mourir là où était mort Samuel Vernon.

Hercule enterra profondément les restes du voyageur, et Dingo, pleuré de tous, fut mis dans la même fosse que son maître

Negoro n'était plus, mais les indigènes qui l'accompagnaient depuis Kazonndé ne pouvaient être loin. En ne le revoyant pas, ils le chercheraient évidemment du côté du fleuve. C'était là un danger très-sérieux.

Dick Sand et Mrs. Weldon tinrent donc conseil sur ce qu'il convenait de faire, et de faire sans perdre un instant.

Un fait acquis, c'est que ce fleuve était le Congo, celui que les indigènes appellent Kwango ou Ikoutou ya Kongo, et qui est le Zaïre sous une longitude, le Loualâba sous une autre. C'était bien cette grande artère de l'Afrique centrale à laquelle l'héroïque Stanley a imposé le nom glorieux de le « Livingstone », mais que les géographes auraient peut-être dû remplacer par le sien.

Mais, s'il n'y avait plus à douter que ce fût le Congo, le billet du voyageur français marquait que son embouchure était encore à cent vingt milles de ce point, et, malheureusement, en cet endroit, il n'était plus praticable. D'imposantes chutes, — très-probablement les chutes de Ntamo, — en interdisaient la descente à toute embarcation. Donc, nécessité de suivre l'une ou l'autre rive, au moins jusqu'en aval des cataractes, soit pendant un ou deux milles, quitte à construire un radeau pour se laisser encore une fois aller à la dérive.

« Il reste donc, dit en concluant Dick Sand, à décider, si nous descendrons la rive gauche où nous sommes, ou la rive droite du fleuve. Toutes deux, mistress Weldon, me paraissent dangereuses, et les indigènes y sont redoutables. Cependant, sur cette rive, il semble que nous risquons davantage, puisque nous avons à craindre de rencontrer l'escorte de Negoro.

— Passons sur l'autre rive, répondit Mrs. Weldon.

— Est-elle praticable? fit observer Dick Sand. Le chemin des bouches du Congo est plutôt sur la rive gauche, puisque Negoro la suivait. N'importe! Il n'y a pas à hésiter. Mais, avant de traverser le fleuve avec vous, mistress Weldon, il faut que je sache si nous pouvons le descendre jusqu'au-dessous des chutes. »

C'était agir prudemment, et Dick Sand voulut à l'intant même mettre son projet à exécution.

Le fleuve, en cet endroit, ne mesurait pas plus de trois à quatre cents pieds, et le traverser était facile pour le jeune novice, habitué à manier la godille. Mrs. Weldon, Jack et cousin Bénédict devaient rester sous la garde d'Hercule en attendant son retour.

Ces dispositions prises, Dick Sand allait partir, lorsque Mrs. Weldon lui dit :

« Tu ne crains pas d'être entraîné vers les chutes, Dick ?

— Non, mistress Weldon. Je passerai à quatre cents pieds au-dessus!

— Mais sur l'autre rive?...

— Je ne débarquerai pas, si je vois le moindre danger.

— Emporte ton fusil.

— Oui, mais n'ayez aucune inquiétude pour moi.

— Peut-être vaudrait-il mieux ne pas nous séparer, Dick, ajouta Mrs. Weldon, comme si elle eût été poussée par quelque pressentiment.

— Non... laissez-moi aller seul... répondit Dick Sand. Il le faut pour la sécurité de tous! Avant une heure, je serai de retour. Veillez bien, Hercule! »

Sur cette réponse, l'embarcation, démarrée, emporta Dick Sand vers l'autre côté du Zaïre.

Mrs. Weldon et Hercule, blottis dans les massifs de papyrus, la suivaient du regard.

Dick Sand eut bientôt atteint le milieu du fleuve. Le courant, sans être très-fort, s'y accentuait un peu par l'attraction des chutes. A quatre cents pieds en aval, l'imposant mugissement des eaux emplissait l'espace, et quelques embruns, enlevés par le vent d'ouest, arrivaient jusqu'au jeune novice. Il frémissait à la pensée que la pirogue, si elle eût été moins surveillée pendant la dernière nuit, se fût perdue dans ces cataractes, qui n'auraient rendu que des cadavres!

Mais cela n'était plus à craindre, et, en ce moment, la godille, habilement manœuvrée, suffisait à la maintenir dans une direction un peu oblique au courant.

Un quart d'heure après, Dick Sand avait atteint la rive opposée et se préparait à sauter sur la berge...

En ce moment, des cris éclatèrent, et une dizaine d'indigènes se précipitaient sur l'amas d'herbes qui cachait encore l'embarcation.

C'étaient les cannibales du village lacustre. Pendant huit jours, ils avaient suivi la rive droite de la rivière. Sous ce chaume, qui s'était déchiré aux pilotis de leur bourgade, ils avaient découvert les fugitifs, c'est-à-dire une proie assurée pour eux, puisque le barrage des chutes obligerait tôt ou tard ces infortunés à débarquer sur l'une ou l'autre rive.

Dick Sand se vit perdu, mais il se demanda si le sacrifice de sa vie ne pourrait pas sauver ses compagnons. Maître de lui, debout sur l'avant de l'embarcation, son fusil épaulé, il tenait les cannibales en respect.

Cependant, ceux-ci avaient arraché tout le chaume sous lequel ils croyaient trouver d'autres victimes. Lorsqu'ils virent que le jeune novice était seul tombé entre leurs mains, ce fut un désappointement qui se traduisit par d'épouvantables vociférations. Un garçon de quinze ans pour dix!

Mais alors, un de ces indigènes se releva, son bras se tendit vers la rive gauche, et il montra Mrs. Weldon et ses compagnons qui, ayant tout vu, ne sachant quel parti prendre, venaient de remonter la berge!

Dick Sand, ne songeant pas même à lui, attendait du ciel une inspiration qui pût les sauver.

L'embarcation allait été poussée au large. Les cannibales allaient passer la rivière. Devant le fusil braqué sur eux, ils ne bougeaient pas, connaissant l'effet des armes à feu. Mais l'un d'eux avait saisi la godille, il la manœuvrait en homme qui savait s'en servir, et la pirogue traversait obliquement le fleuve. Bientôt, elle ne fut plus qu'à cent pieds de la rive gauche.

« Fuyez! cria Dick Sand à Mrs. Weldon. Fuyez! »

Ni Mrs. Weldon, ni Hercule ne bougèrent. On eût dit que leurs pieds étaient attachés au sol.

Fuir! A quoi bon, d'ailleurs! Avant une heure, ils seraient tombés aux mains des cannibales!

Dick Sand le comprit. Mais, alors, cette inspiration suprême qu'il demandait au ciel, lui fut envoyée. Il entrevit la possibilité de sauver tous ceux qu'il aimait en faisant le sacrifice de sa propre vie!... Il n'hésita pas à le faire.

« Dieu les protége, murmura-t-il, et que, dans sa bonté infinie, il ait pitié de moi! »

A l'instant même, Dick Sand dirigea son fusil vers celui des indigènes qui manœuvrait l'embarcation, et la godille, brisée par une balle, volait en éclats.

Les cannibales jetèrent un cri d'épouvante.

En effet, la pirogue, n'étant plus maintenue par la godille, avait pris le fil de l'eau. Le courant l'entraîna avec une vitesse croissante, et, en quelques instants, elle ne fut plus qu'à cent pieds des chutes.

Mrs. Weldon, Hercule, avaient tout compris. Dick Sand tentait de les sauver en précipitant les cannibales avec lui dans l'abîme. Le petit Jack et sa mère, agenouillés sur la berge, lui envoyaient un dernier adieu. La main impuissante d'Hercule se tendait vers lui!...

En ce moment, les indigènes, voulant essayer de gagner la rive gauche à la nage, se jetèrent hors de l'embarcation, qu'ils firent chavirer.

Dick Sand n'avait rien perdu de son sang-froid en face de la mort qui le menaçait. Une dernière pensée lui vint alors, c'est que cette barque, par cela même qu'elle flottait la quille en l'air, pouvait servir à le sauver.

En effet, deux dangers étaient à redouter au moment où Dick Sand serait engagé dans la cataracte : l'asphyxie par l'eau, l'asphyxie par l'air. Or, cette coque renversée, c'était comme une boîte dans laquelle il pourrait peut-être maintenir sa tête hors de l'eau, en même temps qu'il serait à l'abri de l'air extérieur, qui l'eût certainement étouffé dans la rapidité de sa chute. Dans ces conditions, il semble qu'un homme aurait quelque chance d'échapper à la double asphyxie, même en descendant les cataractes d'un Niagara !

Dick Sand vit tout cela comme dans un éclair. Par un dernier instinct, il s'accrocha au banc qui reliait les deux bords de l'embarcation, et, la tête hors de l'eau sous la coque renversée, il sentit l'irrésistible courant l'entraîner, et la chute presque perpendiculaire se produire...

La pirogue s'enfonça dans l'abîme creusé par les eaux au pied de la cataracte, et, après avoir plongé profondément, revint à la surface du fleuve. Dick Sand, bon nageur, comprit que son salut était maintenant dans la vigueur de ses bras...

Un quart d'heure après, il atteignait la rive gauche, et il y retrouvait Mrs. Weldon, le petit Jack et cousin Bénédict, qu'Hercule y avait conduits en toute hâte.

Mais déjà les cannibales avaient disparu dans le tumulte des eaux. Eux, que l'embarcation chavirée ne protégeait pas, avaient cessé de vivre même avant d'avoir atteint les dernières profondeurs de l'abîme, et leurs corps allaient se déchirer à ces roches aiguës auxquelles se brisait le courant inférieur du fleuve.

CHAPITRE XX

CONCLUSION.

Deux jours après, le 20 juillet, Mrs. Weldon et ses compagnons rencontraient une caravane qui se dirigeait vers Emboma, à l'embouchure du Congo. Ce n'étaient point des marchands d'esclaves, mais d'honnêtes négociants portugais qui faisaient le commerce de l'ivoire. Un excellent accueil fut fait aux fugitifs, et la dernière partie de ce voyage s'accomplit dans des conditions supportables.

La rencontre de cette caravane avait vraiment été une faveur du ciel. Dick Sand n'aurait pu reprendre sur un radeau la descente du Zaïre. Depuis les chutes de Ntamo jusqu'à Yellala, le fleuve n'est plus qu'une suite de rapides et de cataractes. Stanley en a compté soixante-deux, et aucune embarcation ne peut s'y engager. C'est à l'embouchure du Coango que l'intrépide voyageur allait, quatre ans plus tard, soutenir le dernier des trente-deux combats qu'il dut livrer aux indigènes. C'est plus bas, dans les cataractes de Mbélo, qu'il ne devait échapper que par miracle à la mort.

Le 11 août, Mrs. Weldon, Dick Sand, Jack, Hercule et le cousin Bénédict arrivaient à Emboma, où MM. Motta Viega et Harrisson les recevaient avec une généreuse hospitalité. Un steamer était en partance pour l'isthme de Panama. Mrs. Weldon et ses compagnons s'y embarquèrent et atteignirent heureusement la terre américaine.

Une dépêche, lancée à San-Francisco, apprit à James W. Weldon le retour inespéré de sa femme et de son enfant, dont il avait en vain cherché la trace sur tous les points où il pouvait croire que s'était jeté le *Pilgrim*.

Le 25 août, enfin, le rail-road déposait les naufragés dans la capitale de la Californie ! Ah ! si le vieux Tom et ses compagnons eussent été avec eux !...

Que dire mainteannt de Dick Sand et d'Hercule ? L'un devint le fils, l'autre l'ami de la maison. James Weldon savait tout ce qu'il devait au jeune novice, tout ce qu'il devait au brave noir. Il était heureux, vraiment, que Negoro ne fût pas arrivé jusqu'à lui, car il aurait payé de toute sa fortune le rachat de sa femme et de son fils! Il serait parti pour la côte d'Afrique, et là, qui peut dire à quels dangers, à quelles perfidies il eût été exposé!

Un seul mot sur cousin Bénédict. Le jour même de son arrivée, le digne savant, après avoir serré la main de James Weldon, s'était renfermé dans son cabinet et remis au travail, comme s'il eût continué une phrase interrompue la veille. Il méditait un énorme ouvrage sur l'« Hexapodes Benedictus », un des *desiderata* de la science entomologique.

Là, dans son cabinet tapissé d'insectes, cousin Bénédict trouva tout d'abord une loupe et des lunees... Juste ciel! Quel cri de désespoir il poussa, la première fois qu'il s'en servit pour étudier l'unique échantillon que lui eût fourni l'entomologie africaine!

L'« Hexapodes Benedictus » n'était point un hexapode! C'était une vulgaire araignée! Et si elle n'avait que six pattes au lieu de huit, c'est que les deux pattes de devant lui manquaient! Et si elles lui manquaient, ces pattes, c'est qu'en la prenant, Hercule les avait malencontreusement cassées! Or, cette mutilation réduisait le prétendu « Hexapodes Benedictus » à l'état d'invalide et le reléguait dans la classe des arachnides les plus communes, — ce que la myopie de cousin

Bénédict l'avait empêché de reconnaître plus tôt! Il en fit une maladie dont il guérit heureusement.

Trois ans après, le petit Jack avait huit ans, et Dick Sand lui faisait répéter ses leçons, tout en travaillant rudement pour son compte. En effet, à peine à terre, comprenant tout ce qui lui avait manqué, il s'était jeté dans l'étude avec une sorte de remords, — celui de l'homme qui, faute de science, s'était trouvé au-dessous de sa tâche!

« Oui! répétait-il souvent. Si, à bord du *Pilgrim*, j'avais su tout ce qu'un marin devait savoir, que de malheurs auraient été épargnés! »

Ainsi parlait Dick Sand. Aussi, à dix-huit ans, avait-il terminé avec distinction ses études hydrographiques, et, muni d'un brevet par faveur spéciale, il allait commander pour la maison James W. Weldon.

Voilà où en était arrivé par sa conduite, par son travail, le petit orphelin recueilli sur la pointe de Sandy-Hook. Il était, malgré sa jeunesse, entouré de l'estime, on pourrait dire du respect de tous; mais la simplicité et la modestie lui étaient si naturelles, qu'il ne s'en doutait guère. Il ne soupçonnait même pas, bien qu'on ne pût lui attribuer ce qu'on appelle des actions d'éclat, que la fermeté, le courage, la constance déployés dans ses épreuves, avaient fait de lui une sorte de héros.

Cependant, une pensée l'obsédait. Dans les rares loisirs que lui laissaient ses études, il songeait toujours au vieux Tom, à Bat, à Austin, à Actéon, du malheur desquels il se prétendait responsable. C'était aussi un sujet de réelle tristesse pour Mrs. Weldon, que la situation actuelle de ses anciens compagnons de misère! Aussi, James Weldon, Dick Sand et Hercule remuèrent-ils ciel et terre pour retrouver leurs traces. Ils y réussirent enfin, grâce aux correspondants que le riche armateur avait dans le monde entier. C'était à Madagascar, — où l'esclavage, d'ailleurs, allait être bientôt aboli, — que Tom et ses compagnons avaient été vendus. Dick Sand voulait consacrer ses petites économies à les racheter, mais James W. Weldon ne l'entendit pas ainsi. Un de ses correspondants négocia l'affaire, et un jour, le 15 novembre 1877, quatre noirs frappaient à la porte de son habitation.

C'étaient le vieux Tom, Bat, Actéon, Austin. Les braves gens, après avoir échappé à tant de dangers, faillirent être étouffés, ce jour-là, sous les embrassements de leurs amis.

Il ne manquait donc que la pauvre Nan à ceux que le *Pilgrim* avait jetés sur cette funeste côte d'Afrique. Mais, la vieille servante, on ne pouvait la rendre à la vie, non plus que Dingo. Et, certes, c'était miracle que ces deux êtres seulement eussent succombé en de telles aventures!

Ce jour-là, cela va sans dire, il y eut fête dans la maison du négociant californien, et le meilleur toast, que tous acclamèrent, ce fut celui que porta Mrs. Weldon à Dick Sand, « au capitaine de quinze ans! »

FIN DE LA DEUXIÈME ET DERNIÈRE PARTIE.

TABLE DES MATIÈRES

DEUXIÈME PARTIE

			Pages.
Chapitre	I.	La traite..................................	1
—	II	Harris et Negoro........................	17
—	III.	En marche..............................	34
—	IV.	Les mauvais chemins de l'Angola...	51
—	V	Leçon sur les fourmis dans une fourmilière...............................	66
—	VI.	La cloche à plongeurs.................	82
—	VII.	Un campement sur les bords de la Coanza.................................	99
—	VIII.	Quelques notes de Dick Sand.......	115
—	IX.	Kazonndé.................................	134
—	X.	Un jour de grand marché............	150

Chapitre	XI.	Un punch offert au roi de Ka-zonndé	163
—	XII.	Un enterrement royal	179
—	XIII.	L'intérieur d'une factorerie	195
—	XIV.	Quelques nouvelles du docteur Livingstone	210
—	XV.	Où peut conduire une manticore	229
—	XVI.	Un mgannga	248
—	XVII.	A la dérive	261
—	XVIII.	Divers incidents	276
—	XIX.	S. V.	292
—	XX.	Conclusion	306

FIN DE LA TABLE

Paris. — Imp. Gauthier-Villars, 55, quai des Grands-Augustins.

J. HETZEL ET Cie, 18, RUE JACOB

**SEUL JOURNAL COURONNÉ
PAR L'ACADÉMIE FRANÇAISE**

32 vol. **MAGASIN ILLUSTRÉ** 32 vol.

DÉPARTEMENTS — PARIS
16 fr. — **14 fr.**

**D'ÉDUCATION
ET
DE RÉCRÉATION**

Journal de toute la famille

Encyclopédie morale de l'Enfance et de la Jeunesse

PUBLIÉ PAR

JEAN MACÉ — P.-J. STAHL — JULES VERNE

AVEC LE CONCOURS DES ÉCRIVAINS, SAVANTS ET ARTISTES LES PLUS RÉPUTÉS

Il paraît une livraison de 32 pages tous les quinze jours, depuis le 20 mars 1864; soit un beau volume album tous les six mois.

Les 32 volumes parus contiennent 50 grands ouvrages, 730 contes et articles divers, et environ 3,600 gravures de nos premiers artistes.

ABONNEMENT ANNUEL

Paris : 14 fr. — Départements : 16 fr.

UNION POSTALE : 17 FR.

Les abonnements partent du 1er janvier ou du 1er juillet.

Volume br., 7 fr.; cart. toile, tr. dor., 10 fr.; rel., tr. dor., 12 fr.

COLLECTION COMPLÈTE : 32 VOLUMES

Brochés 224 fr.; cart. toile, tr. dor., 320 fr.; reliés, tr. dor. : 384 fr.

Les tomes I à X forment une série complète.

NOTA. — Les ouvrages marqués d'un * ont été choisis par le ministère de l'instruction publique pour faire partie des catalogues des bibliothèques publiques scolaires. Le deuxième * désigne les ouvrages choisis pour être distribués en prix.

Les nouveautés du 1er janvier 1881 sont marqués d'une †.

COLLECTION COMPLÈTE

DES TRENTE PREMIERS VOLUMES DU

MAGASIN D'ÉDUCATION
ET DE RÉCRÉATION

PUBLIÉ SOUS LA DIRECTION DE
MM. JEAN MACÉ — P.-J. STAHL — JULES VERNE

Prix : **200 francs**

Payables en 8 termes de 25 francs à répartir en deux ans

Les trente premiers volumes illustrés parus du *Magasin d'Éducation et de Récréation* constituent à eux seuls toute une bibliothèque de l'enfance et de la jeunesse. L'examen du catalogue général du *Magasin*, que nous tenons toujours à la disposition des parents, leur montrera que les œuvres principales, et pour ainsi dire complètes, de Jules Verne, de P.-J. Stahl, de Jules Sandeau, de E. Legouvé, d'Egger, de J. Macé, de L. Biart et de bien d'autres ; que les plus heureuses séries de dessins de Frœlich, Froment et d'un grand nombre d'artistes éminents, écrites ou dessinées avec un soin scrupuleux, à l'usage spécial de la jeunesse et de la famille, sont contenues dans les trente volumes déjà parus.

Cette collection grand in-8° représente par le fait la matière de plus de cent volumes in-18 ordinaires. Elle est en outre illustrée de près de quatre mille dessins, créés expressément pour le *Magasin d'Éducation*.

Le *Magasin d'Éducation* s'est tenu avec soin en dehors de ce qu'on appelle l'actualité, dont l'intérêt passe et vieillit, pour ne laisser entre les mains de ses lecteurs que des œuvres d'un intérêt durable et permanent. Les premiers volumes, à ce titre, présentent donc un intérêt égal aux derniers, et offrir aux enfants les premières années, s'ils ne les connaissent pas, leur assure des lectures aussi agréables que si on leur donnait les dernières.

J. HETZEL ET Cie, 18, RUE JACOB

*LES TOMES I à XXX
RENFERMENT COMME ŒUVRES PRINCIPALES

Les Aventures du Capitaine Hatteras, Les Enfants du Capitaine Grant, Vingt mille lieues sous les mers, Aventures de trois Russes et de trois Anglais, Le pays des Fourrures, L'Ile mystérieuse, Michel Strogoff, Hector Servadac, Les Cinq cents millions de la Bégum, de Jules Verne. — La Morale familière, Les Contes Anglais, La Famille Chester, L'Histoire d'un Ane et de deux jeunes Filles, Une Affaire difficile à arranger, Maroussia, Un pot de crème pour deux, de P.-J. Stahl. — La Roche aux Mouettes, de Jules Sandeau. — Le Nouveau Robinson Suisse, de Stahl et Muller. — Romain Kalbris, d'Hector Malot. — Histoire d'une Maison, de Viollet-le-Duc. — Les Serviteurs de l'Estomac, Le Géant d'Alsace, Le Gulf-Stream, etc., de Jean Macé. — Le Denier de la France, La Chasse, Le Travail et la Douleur, A Madame la Reine, La Fée Béquillette, Un premier Symptôme, Sur la Politesse, Lettre à Mlle Lili, etc., de E. Legouvé. — Le Livre d'un père, de Victor de Laprade. — La Jeunesse des Hommes célèbres, de Muller. — Aventures d'un jeune Naturaliste, Entre Frères et Sœurs, Voyages et Aventures de deux enfants dans un parc, Les Voyages involontaires, de Lucien Biart. — Causeries d'Economie pratique, de Maurice Block. — La Justice des choses, de Lucio H***. — Les Aventures d'un Grillon, La Gileppe, par le docteur Candèze. — Vieux souvenirs, Départ pour la Campagne, Bébé aime le rouge, etc., de Gustave Droz. — Le Pacha berger, par E. Laboulaye. — La Musique au foyer, par Lacome. — Histoire d'un Aquarium, Les Clients d'un vieux Poirier, de E. Van Bruyssel. — Le Chalet des Sapins, de Prosper Chazel. — L'Odyssée de Pataud et de son chien Fricot, de P.-J. Stahl et Cham. — Le petit Roi, de S. Blandy. — L'Ami Kips, de G. Aston. — La Grammaire de Mlle Lili, de Jean Macé. — Histoire de mon oncle et de ma tante, par A. Dequet. — L'Embranchement de Mugby, Histoire de Bebelle, Une lettre inédite, Septante fois sept, de Ch. Dickens, etc., etc. — C'est-à-dire une Bibliothèque complète de l'Enfance et de la Jeunesse.

Les petites Sœurs et petites Mamans, Les Tragédies enfantines, Les Scènes familières et autres séries de dessins, par Froelich, Froment, Detaille; textes de Stahl.

*TOMES XXXI-XXXII

La Maison à vapeur, par Jules Verne. — Les Quatre filles du docteur Marsch, par P.-J. Stahl. — Leçons de Lecture, par E. Legouvé. — Riquette, par P. Chazel. — Contes et nouvelles, par C. Lemonnier, Lermant, Bentzon, Dupin de Saint-André, Nicole, Bénédict, etc.

ENFANCE, JEUNESSE. — LIBRAIRIE SPÉCIALE

Cours complet et gradué d'Éducation
POUR LES FILLES ET POUR LES GARÇONS
A suivre en six années
Soit dans la Pension, soit dans la Famille

CAHIERS
D'UNE ÉLÈVE DE SAINT-DENIS
PAR DEUX ANCIENNES ÉLÈVES DE LA MAISON DE LA LÉGION D'HONNEUR
ET PAR
LOUIS BAUDE, ancien professeur au Collège Stanislas.

17 Volumes in-18. — Brochés, 57 fr.; cartonnés, 61 fr. 50
Chaque volume se vend séparément

Sommaire des 12 cahiers. — Introduction. — Grammaire française. — Dictées. — Histoire sainte. — Mappemonde. — Géographie de l'Histoire sainte. — Anciennes divisions de la France par provinces. — Division de la France par départements. — Table chronologique des rois de France. — Arithmétique. — Système métrique. — Lectures et exercices de mémoire. — Étymologies. — Histoire ancienne. — Ères chronologiques. — Mythologie. — Etudes préparatoires à l'Histoire de France. — Cosmographie. — Géographie de l'Asie Mineure. — Départements et arrondissements de la France. — Géographie de la France. — Histoire romaine. — Histoire de l'Église. — Paris et ses monuments. — Récapitulation de l'Histoire ancienne. — Histoire du moyen âge. — Géographie moderne. — Géographie de l'Europe. — Histoire naturelle. — Précis de l'histoire de la langue française. — Traité de versification. — Histoire moderne. — Géographie de l'Amérique et de l'Océanie. — Curiosités historiques. — Botanique. — Zoologie. — Principales inventions et découvertes. — Principes de littérature. — Histoire de la littérature ancienne et française. — Philosophie. — Table chronologique des principaux événements de l'histoire contemporaine depuis 1789. — Bibliographie.

— Philologie des langues européennes. — Précis de l'Histoire générale des études. — Biographie des femmes célèbres. — Notions géographiques complémentaires. — Morceaux choisis.

Sommaire des 4 cahiers préliminaires. — Religion. — Éducation. — Instruction. — Notions sur les trois règnes de la nature. — Connaissance des chiffres et des nombres. — Lectures. — Exercices de mémoire. — Cours d'écriture (avec modèles).

Sommaire du cahier complémentaire. — Considérations générales. — Histoire de l'Architecture. — De la Sculpture. — De la Peinture. — Gravure. — Lithographie. — Histoire de la Musique. — Astronomie. — Archéologie. — Numismatique. — Paléographie. — Minéralogie. — Algèbre et Géométrie. — De la Vapeur et de ses applications. — Télégraphie électrique. — Galvanoplastie. — De la Chloroformisation. — De la Photographie et de l'Aérostation.

ÉTUDES D'APRÈS LES GRANDS MAITRES
Dessins par A. COLIN
Professeur de dessin à l'École polytechnique

ALBUM IN-FOLIO, 20 PLANCHES. — Cartonné bradel, 20 francs
Cartonné toile, tranches dorées, 22 francs
Chaque planche collée sur carton, avec texte au dos, 1 fr. 25.

ATLAS COMPLÉMENTAIRE
DES CAHIERS D'UNE ÉLÈVE DE SAINT-DENIS.

Atlas classique de Géographie universelle, composé de 24 planches en plusieurs couleurs, dressées par M. DUBAIL, ex-professeur adjoint de géographie à l'Ecole de Saint-Cyr. — 1 volume grand in-8, cartonné bradel. Prix : 8 fr.

Les programmes d'admission aux Écoles de l'Etat se trouvent dans les *Grandes écoles civiles et militaires de France*, par MORTIMER D'OCAGNE. — Un beau vol. in-18, 3 fr. 50. (*Voir Page 24.*)

Voir pour les *Classiques français*, p. 20.

BIBLIOTHÈQUE
DES
JEUNES FRANÇAIS

VOLUMES GR. IN-16 A 1 FR. 50, BROCHÉS
CARTONNÉS TOILE TRANCHE JASPÉE, 2 FRANCS

BLOCK (Maurice).... * Petit Manuel d'Économie pratique (ouv. cour.).

ENTRETIENS FAMILIERS SUR L'ADMINISTRATION DE NOTRE PAYS
- * La France.
- * Le Département.
- * La Commune.
- † Paris, Organisation municipale.
- † Paris, Institution administrative.

J. MICHELET......... † La Prise de la Bastille et la Fête des Fédérations.
— .... † Les Croisades.
— .... † François Ier et Charles-Quint.
— .... † Henri IV *(sous presse)*.

*COLLECTION
DES
CLASSIQUES FRANÇAIS
Dédiée à la Jeunesse

CHAQUE VOLUME BROCHÉ, 3 FR. ; CARTONNÉ BRADEL, 3 FR. 25
Envoi franco par poste, 50 cent. en plus par volume

BOILEAU	Œuvres poétiques...........	2 v.
BOSSUET	Oraisons funèbres...........	1 v.
—	Discours sur l'Histoire universelle.	2 v.
P. CORNEILLE .	Œuvres dramatiques........	3 v.
FÉNELON	Les Aventures de Télémaque	2 v.
LA BRUYÈRE ..	Les Caractères	2 v.
LA FONTAINE .	Fables	2 v.
RACINE.....	Œuvres dramatiques.	3 v.

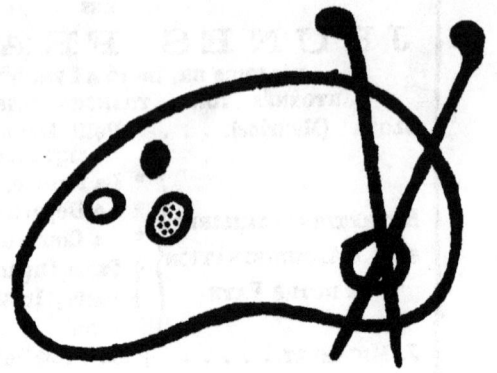

Original en couleur
NF Z 43-120-8

www.ingramcontent.com/pod-product-compliance
Lightning Source LLC
Chambersburg PA
CBHW060402170426
43199CB00013B/1975